Rupert Schreiber

ALLGEMEINE RECHTSLEHRE

Zur Einführung in die Rechtswissenschaft

Springer-Verlag
Berlin · Heidelberg · New York
1969

Privatdozent Dr. Dr. Rupert Schreiber,
5021 Widdersdorf, Christian-Hünseler-Straße 48

ISBN-13:978-3-540-04701-8 e-ISBN-13:978-3-642-92987-8
DOI: 10.1007/978-3-642-92987-8

Titel-Nr. 1656

Inhaltsverzeichnis

D. Eigenschaften von Normensystemen

E. Ideologien

Einleitung

1. Aufgabenstellung

Die Allgemeine Rechtslehre, wie sie im folgenden entwickelt wird, hat sich zur Aufgabe gesetzt, eine Einführung in eine wissenschaftliche Rechtswissenschaft zu geben.

Gegenstand aller rechtswissenschaftlichen Disziplinen ist die Erforschung bestimmter Rechtsordnungen oder Teile davon. Da Rechtsordnungen nur durch Normensysteme abgebildet werden können, hängt der Zugang zu allen Rechtsordnungen — den realisierten und gedachten — von der Kenntnis der Lehre von den Normensystemen ab. Die vorliegende Allgemeine Rechtslehre ist deshalb konsequenterweise die Lehre von den Normensystemen.

2. Gliederung

Als erstes wird eine kurze Darstellung des Gegenstandes der Allgemeinen Rechtslehre gegeben: die Rechtsordnungen. Daran schließt sich der engere Gegenstandsbereich der Allgemeinen Rechtslehre: die Systeme von Rechtsnormen.

Zunächst wird der Aufbau von Normensystemen entwickelt. Hier werden die einzelnen Satzarten entwickelt, die notwendig und hinreichend sind, um ein Normensystem zu formulieren, und schließlich wird die Systembildung aus diesen Satzarten selbst dargestellt.

Sodann werden die Verwendungsmöglichkeiten von Normensystemen untersucht. Mit der Darstellung der in der Rechtswirklichkeit vorkommenden Verwendungsarten wird gleichzeitig die Trennung unterschiedlicher Schichten komplexer Rechtsordnungen ermöglicht.

Es folgt die Untersuchung einer Reihe wichtiger Eigenschaften von Normensystemen mit dem Zweck, die Konstruktion und die Analyse leistungsfähiger Normensysteme zu ermöglichen.

Schließlich werden die Ideologien definiert, ihre Erscheinungsformen aufgezeigt, ihre Auswirkungen analysiert und Möglichkeiten ihrer Auflösung entwickelt.

A. Die Rechtsordnungen

I. Der Gegenstandsbereich

1. Phänomen

Eine Rechtsordnung tritt uns entgegen in der Gestalt von Gesetzen, von Gerichtsurteilen, von Maßnahmen des Gerichtsvollziehers und des Strafvollzugs. Erscheinungen der Rechtsordnung sind die Verabschiedung der Gesetze selbst und deren Veröffentlichung, sind die Gerichtsverfahren, sind das rechtlich erhebliche Verhalten der Mitglieder dieser Gesellschaft. Das augenfälligste Erscheinungsbild sind die eigenen Institutionen der Rechtsordnung und deren Tätigkeit.

Das Phänomen der Rechtsordnung hat meist noch deshalb eine besondere Ausprägung, weil eine lange geschichtliche Entwicklung, nicht zuletzt eine eigene Tradition der Juristenausbildung an eigenen rechtswissenschaftlichen Fakultäten die bestehenden Rechtsordnungen meist stark beeinflußt.

2. Abbildung

Von dem Phänomen der Rechtsordnung muß streng die Abbildung dieses Phänomens unterschieden werden. Eine solche Abbildung einer Rechtsordnung geschieht auf ein System von Sätzen, das als Normensystem bezeichnet wird. Von der Ausgestaltung des Normensystems hängt es ab, wie genau eine Rechtsordnung oder der Teilbereich einer Rechtsordnung abgebildet werden kann.

Die Kenntnis der Rechtsordnung besteht in einer Speicherung von Abbildungen. Wird die Rechtsordnung auf ein schlechtes Medium abgebildet, so erhält man schlechte Abbildungen. Die Kenntnisse über eine Rechtsordnung können deshalb nicht genauer als das Normensystem sein, auf das die Rechtsordnung abgebildet wird. Darüber hinaus ist der Umfang der gespeicherten Information bei gleichem Textumfang um so höher, je genauer die Ausdrucksweise ist, in der man Information formuliert. Dies belegt eindeutig den hohen Wert einer leistungsfähigen Rechtslehre.

II. Die Sanktion

1. Zentraler Sanktionsapparat

Jeder Sanktionsmechanismus kann zur Kennzeichnung eines Ordnungssystems genommen werden. Unter Rechtsordnung soll jedoch nur eine Ordnung verstanden werden, die durch Sanktionen charakterisiert ist, die besondere Merkmale aufweisen.

Ein besonderes Kennzeichen einer Rechtsordnung ist der zentrale Sanktionsapparat. Nicht die, deren Interessen unmittelbar betroffen sind, führen die Sanktionen durch — etwa im Wege der Selbsthilfe —, sondern eine eigens hierfür geschaffene Institution einer Gemeinschaft.

Der zentrale Sanktionsapparat verhängt zwei Arten von Sanktionen. Es sind Zwangsvollstreckung und Strafe.

2. Zwangsvollstreckung

Zwangsvollstreckung ist die Herstellung des Zustandes, den eine Rechtsordnung als rechtens bestimmt, durch den Sanktionsapparat.

Beispiel: Hat A dem B 100.— DM zu zahlen und zahlt er nicht, so kann B gegen A Klage erheben. Ist A rechtskräftig zur

Zahlung verurteilt, so führt der Gerichtsvollzieher auf Antrag des B die Zwangsvollstreckung durch, indem er Bargeld, das er bei A findet, wegnimmt und dem B aushändigt, oder indem er Gegenstände pfändet und versteigert und den Erlös an den B abführt, oder indem er das Gehalt oder den Lohn oder ein Bankkonto pfändet und dem B überweist, bis zu dem Betrag von 100.— DM zuzüglich der angefallenen Kosten.

Für die Regelung der Zwangsvollstreckung gibt es heute die eigene Rechtsmaterie des Zwangsvollstreckungsrechts.

Beispiele: Zivilprozeßordnung
Zwangsversteigerungsgesetz
Konkursordnung
Verwaltungsvollstreckungsgesetz

Im weiteren Sinne ist jede Tätigkeit des Sanktionsapparates Zwangsvollstreckung. Doch unterscheidet man im allgemeinen zwischen Zwangsvollstreckung im engeren Sinne und Strafe. Strafe ist jene Sanktion, die erst mittelbar — durch eine besondere Art von Lernprozeß — den Zustand, der rechtens ist, herstellen soll. Zwangsvollstreckung im engeren Sinne ist danach die direkte Herstellung des Zustandes, den ein Normensystem als rechtens erklärt.

3. Strafe

Das andere Mittel des Sanktionsapparates ist die Strafe, die nach außen noch deutlicher als die Zwangsvollstreckung den Zwangscharakter der Maßnahmen des Sanktionsapparates kennzeichnen.

Beispiel: Verbüßung einer Gefängnisstrafe.

Die Strafe, die auch letztlich Zwangsvollstreckung ist, indem sie den rechtmäßigen Zustand zwangsweise verwirklichen will, ist in der Wirkung ungenauer, aber in der Rechtstechnik einfacher.

Beispiel: Umfang der Normensysteme des Zivilrechts im Vergleich zum Umfang der Normensysteme des Strafrechts.

Sieht man von der Zeit des Freiheitsentzugs ab, während der rechtswidrige Handlungen weitgehend direkt verhindert werden, so wirkt die Strafe im Wege eines Lernprozesses.

Man unterscheidet drei Ebenen der Strafwirkung:

1. die Generalprävention,
2. die Spezialprävention,
3. die Vergeltung.

Die Generalprävention ist der Lernerfolg, der sich durch die Bestrafung des Täters bei anderen Mitgliedern der Rechtsgemeinschaft einstellt, indem sie von dieser Bestrafung erfahren. Die Spezialprävention ist der Lernerfolg, der sich beim Bestraften selbst ergibt, indem er als Folge eines von der Rechtsordnung mißbilligten Verhaltens ein Übel — die Strafe — erdulden muß. Die Vergeltung ist — einfach gesprochen — die Befriedigung des Rachegefühls [1].

4. Antizipation

Die Wirksamkeit von Sanktionen beschränkt sich nicht auf die Tätigkeit des Sanktionsapparates. Eine Rechtsordnung ist kaum vorstellbar, in der der rechtmäßige Zustand nur durch den Sanktionsapparat hergestellt würde. Jeder Rechtsgenosse würde so lange der Rechtsordnung zuwiderhandeln, bis er durch das Erleiden der Sanktionen davon abgebracht wäre.

---

[1] In der Strafrechtslehre spricht man hier von Sühne. Doch läßt sich ein solcher metaphysischer Begriff in eine rationale Rechtstheorie nicht einordnen. Soweit bei dem Begriff der Sühne auf konkrete Situationen verwiesen wird, die eine Bestrafung als evident erscheinen lassen, handelt es sich um Taten, die eine besonders starke gefühlsmäßige Reaktion bei den Betroffenen gegen den Täter auslösen. Soweit es sich nicht um Repressionen zur Errichtung oder Erhaltung von Herrschaft handelt, ist es ein Gefühl, das man wenigtens annäherungsweise mit Rachegfühl bezeichnen kann.

Über die Erwartungen von Sanktionen geht deren Wirkung in die Entscheidungen der Rechtsgenossen ein, so daß in den meisten Fällen bereits vor dem Erdulden von Sanktionen das normgemäße Verhalten gewählt wird. Verstärkt wird diese Erwartung und damit diese Wirkung durch Sanktionen gegen andere oder den Betreffenden selbst. Die Antizipation der Sanktionen ist deshalb für die Realisierung einer Rechtsordnung bedeutungsvoller als die unmittelbare Wirkung des Zwangs.

Eine Antizipation ist nur möglich, wenn die zu erwartenden Sanktionen bekannt sind. Die Antizipationen sind um so genauer, je genauer die Kenntnis der Sanktionen ist. Damit könnte sich ein Rechtskundeunterricht für alle Rechtsgenossen wirtschaftlicher — und nicht zuletzt menschlicher — erweisen als die Betätigung des Sanktionsapparates.

Die Antizipation beruht auf der Vermeidung folgender Faktoren:

1. Sanktion
2. Schwierigkeiten durch Ermittlungsverfahren und den Aufwand der Verteidigung
3. Unsicherheit, ob eine und welche Sanktion verhängt wird
4. Minderung des Ansehens
5. Belastung der mitmenschlichen Beziehungen.

Die Antizipation wird abgeschwächt durch:

1. Unkenntnis der Folgen
2. Hoffnung auf Unentdecktbleiben
3. Hoffnung auf Korruption im Sanktionsapparat zur Vermeidung der Folgen.

5. Internalisierung

Nicht jede Entscheidung für rechtmäßiges Verhalten beruht auf der Sanktion oder der Antizipation von Sanktionen. In den meisten Fällen wählt der Rechtsgenosse unbewußt oder halbbewußt das normgemäße Verhalten. Hier sind die Normen internalisiert.

Die Verinnerlichung von Sanktionserwartungen, die Internalisierung, kann auf Repression oder auf freier Überzeugung beruhen.

Die Internalisierung einer Rechtsordnung gibt ihr Eigenschaften, die in zwei verschiedenen Richtungen wirken. Einerseits beruhigt die Internalisierung eine Rechtsordnung und erhöht damit deren Ordnungsfunktion. Andererseits entzieht sie die Rechtsordnung rationaler Kontrolle und schwächt den Widerstand gegen eine Umfunktionierung der Ordnungsfunktionen in Herrschaftsfunktionen.

B. Der Aufbau von Normensystemen

Hier soll zunächst die Struktur von Satzsystemen erklärt werden, ohne daß es auf die Frage nach deren Existenz, Wirksamkeit oder Geltung ankäme. Sätze sind dabei sprachliche — die Umgangssprache würde sagen gedankliche — Gebilde, die es erlauben, gewisse Erscheinungen der Wirklichkeit abzubilden. So sollen auch Normensysteme so aufgebaut werden, daß sie geeignet sind, Ausschnitte der Wirklichkeit abzubilden. Genauer gesagt: Normensysteme sollen geeignet sein, Rechtsordnungen darzustellen.

Man kann die Frage stellen, ob es nicht andere Möglichkeiten der Darstellung gibt, die zu diesem Zweck besser geeignet sind. Eine Überprüfung der Möglichkeiten zeigt, daß die Auswahl geringer ist, als die theoretische Fragestellung vermuten läßt. Das System, das im folgenden unter der Bezeichnung Normensystem dargestellt wird, hat einen Erklärungswert und — da das Normensystem, wie später zu zeigen ist, mehreren Zielen dienen soll — einen Konstruktionswert, der andere Möglichkeiten bei weitem überragt. Praktisch gibt es zur Darstellung von Rechtsordnungen als Alternative zu dem Normensystem der hier entwickelten Art nur die mit einigen Begriffen angereicherte Umgangssprache, deren Unzulänglichkeit bereits nach kurzem Studium der hier vorgeführten Grundzüge offenbar werden wird.

I. Der Anspruch

1. Konstruktionselement

Da hier der Aufbau des Normensystems erklärt werden soll, ist es zweckmäßig, die Bestandteile des Systems anzugeben. Ein solcher Bestandteil ist der Anspruch, wie er im folgenden dargestellt wird.

Der Anspruch ist insofern das Konstruktionselement eines Systems von Rechtsnormen, als sich die Ausgestaltung eines solchen Systems danach richtet, welche Ansprüche zu dem System gehören sollen. So lautet die Frage für den Gesetzgeber, welche Ansprüche durch ein Gesetz geschaffen oder ausgeschlossen werden sollen. Die Frage für den Richter ist, welche Ansprüche zwangsweise durchgesetzt werden können. Die Frage für den Rechtsgenossen lautet, welche Ansprüche ihm zustehen.

Diese Bedeutung des Anspruchs findet ihren Niederschlag im rechtswissenschaftlichen Studium. Der Student der Rechtswissenschaft erfährt die Erprobung seines Wissens, das er aus den Vorlesungen mitbringt, in den Übungen, in denen nach dem Bestehen von Ansprüchen, die sich aus einem Sachverhalt ergeben, gefragt wird [2].

2. Struktur

Bei der Untersuchung des Anspruchs soll zuerst die sprachliche Struktur dessen dargestellt werden, was man als Anspruch bezeichnet.

Zunächst einige Formulierungen, mit denen Ansprüche dargestellt werden:

a) A hat gegen B einen Anspruch auf Zahlung von 100.— DM.

b) D hat sich des Diebstahls strafbar gemacht.

c) Die Gemeinde G kann von E die Beseitigung der Schuttmassen vor dessen Haus X-Straße Y verlangen.

---

[2] Trotz der aus dem Grundsatz der Denkökonomie sich geradezu zwingend ergebenden Ausrichtung der Rechtstheorie auf den Anspruch, besteht in der Rechtslehre und der Dogmatik die Neigung, von dem subjektiven Recht als Grundlegung des Rechtssystems auszugehen. Da dieser Weg im Sinne einer rationalen Rechtstheorie erfolglos ist, soll er auch nicht nachvollzogen werden.

Es wurde je ein Fall aus dem Bürgerlichen Recht, Strafrecht und öffentlichen Recht gebracht, weil sich der Sprachgebrauch hier etwas unterscheidet.

Da in jedem der Rechtsgebiete eine ganze Reihe von Ausdrucksweisen gebraucht werden, die gleichbedeutend sind, sollen hier einige angeführt werden. Die Wahl des Ausdrucks ist im allgemeinen frei. Es gibt jedoch gewisse emotionale Bedeutungsunterschiede, die sich schwer wiedergeben lassen. Sie sind für die rechtstheoretische Arbeit in diesem Zusammenhang von geringer Bedeutung.

„A hat gegen B einen Anspruch auf Zahlung von 100.— DM" wird mitunter auch in folgenden Wendungen ausgedrückt: A steht der Anspruch zu, von B Zahlung von 100.— DM zu verlangen. Oder: A steht gegen B der Anspruch zu, Zahlung von 100.— DM zu verlangen. Oder: A kann verlangen, daß B an ihn 100.— DM zahlt. Oder: A kann von B Zahlung von 100.— DM verlangen. Oder: B hat an A 100.— DM zu zahlen. B ist verpflichtet, an A 100.— DM zu zahlen. B muß an A 100.— DM zahlen.

Stellt ein Gericht einen solchen Zahlungsanspruch fest, so geschieht es meist mit der Wendung: Der Beklagte wird verurteilt, an den Kläger 100.— DM zu zahlen.

In ähnlicher Weise gibt es eine Reihe von Synonyma für Ausdrücke des strafrechtlichen und des öffentlichrechtlichen Anspruchs.

Aus den Formulierungen der Alltagssprache läßt sich bereits die Struktur des Anspruchs ablesen. Der Anspruch besteht aus drei Bestandteilen:

dem Anspruchsberechtigten (abgekürzt *B*),
dem Anspruchsverpflichteten (abgekürzt *V*),
der zu erbringenden Leistung (abgekürzt *L*).

Stehen diese Teile in der für den Anspruch typischen Weise in Beziehung, so handelt es sich um einen Anspruch. Man kann dies kurz darstellen in den Symbolen:

$$A\,(B, V, L).$$

Hier sind *B*, *V* und *L* Leerstellen, d. h. an ihrer Stelle können beliebige Individuen stehen, mit der Einschränkung, daß es bei *B* und *V* Personen, bei *L* Leistungen sein müssen. Die Kennzeichnung des Zusammenhangs der Bestandteile als Anspruch ist für alle Ansprüche im wesentlichen gleich [3].

Zur Vereinfachung der Ausdrucksweise wäre die Formulierung der lebenden Sprache zu wählen, die möglichst die Struktur des Anspruchs erkennen läßt, aber auch möglichst einfach und anschaulich ist. Diesen Bedingungen entspricht der Satz: Der Anspruchsberechtigte *B* hat gegen den Anspruchsverpflichteten *V* Anspruch auf die Leistung *L*. Ein Beispiel wäre der eingangs angeführte Anspruch: A hat gegen B Anspruch auf Zahlung von 100.— DM.

Wir fassen zusammen:

$A(B,V,L) =$ def. Der Anspruchsberechtigte *B* hat gegen den Anspruchsverpflichteten *V* Anspruch auf die Leistung *L*.

3. Deutung

Während die Struktur den Aufbau eines Ausdrucks, hier des Anspruchs, angibt, soll die Deutung angeben, welche Erscheinung der Wirklichkeit damit bezeichnet werden soll.

Bei der Analyse eines Systems muß stets zwischen Zeichen und Objekt unterschieden werden. Zeichen soll hier jede sprachliche Abbildung — sei es nun ein Buch, ein Satz oder ein Wort — bedeuten; Objekt soll hier das bedeuten, was durch diese Zeichen abgebildet ist.

Die einfachste Zuordnung von Objekt und Zeichen geschieht durch die Hinweisdefinition. Man zeigt den Gegenstand und nennt den Begriff. Bei der Analyse des Anspruchs läßt sich in

[3] Genaugenommen gibt es bei der weiteren Präzisierung des Zusammenhangs noch gewisse Unterschiede, die von der Art der Leistung, aber auch der Art der Personen abhängen (siehe Abschnitt Deutung).

dieser Weise jedoch nicht verfahren. Der Anspruch faßt ein derart kompliziertes System von Vorgängen der Wirklichkeit zusammen, daß man ein eigenes System der Erklärung braucht, um das Objekt, das dem Begriff Anspruch entspricht, zu umschreiben.

Um die Erklärung anschaulich zu machen, soll das, was die Deutung des Anspruchs ausmacht, für den zivilrechtlichen Anspruch gezeigt werden. Von hier aus läßt sich die Deutung für alle Arten von Ansprüchen leicht erweitern.

„*B* hat gegen *V* Anspruch auf die Leistung *L*" bedeutet, daß unter bestimmten Bedingungen *B* die Leistung des *V* im Wege der Zwangsvollstreckung erzwingen kann.

Ein eigenes Rechtsgebiet, das Zivilprozeßrecht, enthält die Regeln, nach denen die Zwangsvollstreckung zivilrechtlicher Ansprüche erfolgen kann und erfolgen muß. Somit kennzeichnet das Prozeßrecht die Deutung dessen, was mit Anspruch bezeichnet wird. Im Gegensatz hierzu gibt das sogenannte materielle Recht, etwa das Bürgerliche Recht, an, unter welchen Bedingungen und in welcher Weise die Leerstellen des Anspruchs, nämlich Anspruchsberechtigter, Anspruchsverpflichteter und Leistung, ausgefüllt werden dürfen.

Da das Prozeßrecht die Deutung des Anspruchs festlegt, kann die Deutung genau nur durch genaue Darstellung des gesamten Prozeßrechts dargestellt werden. Hier sollen jedoch wenigstens zwei typische Bedingungen angegeben werden, die für die Durchführung einer Zwangsvollstreckung erfüllt sein müssen: die Feststellung des Bestehens des Anspruchs durch ein zuständiges Gericht und der Antrag des Berechtigten auf Zwangsvollstreckung.

Die Deutung des strafrechtlichen Anspruchs läßt sich in gleicher Weise vornehmen. Der Anspruchsberechtigte ist hier die Rechtsgemeinschaft, der Anspruchsverpflichtete der Täter, die Leistung ist die Erduldung der Strafe.

Man kann keinen Einwand daher leiten, daß eine solche Deutung dem üblichen Sprachgebrauch nicht ganz entspricht.

Denn hier soll die Zweckmäßigkeit der Darstellung von Ansprüchen erörtert werden. Zeigt sich dabei, daß das Normensystem des Strafrechts die gleiche Struktur besitzt wie das des Zivilrechts, so ist diese Erweiterung des Anspruchsbegriffs zulässig und zweckmäßig.

Auch der öffentlichrechtliche Anspruch läßt sich wie der zivilrechtliche Anspruch deuten. Anspruchsberechtigter und Anspruchsverpflichteter sind wieder beliebige natürliche oder juristische Personen. Eine Leistung kann die eines Bürgers an eine Behörde oder einer Behörde an den Bürger oder einer Behörde an eine Behörde sein.

4. Anspruchsarten

Da der Anspruch die zentrale Bedeutung für den Aufbau eines Systems von Rechtsnormen hat, sei es des Bürgerlichen Rechts, des Strafrechts oder des öffentlichen Rechts, sollen zur Veranschaulichung einige Arten von Ansprüchen genannt werden.

Im Zivilrecht ist der Zahlungsanspruch bei weitem die häufigste aller Anspruchsarten. (Beispiele: §§ 433 II, 535 2, 611 I, 631 I, 1191 I, 1199 I BGB). Der Grund liegt in der Verwendung des Geldes als Tauschmittel für Leistungen, so daß fast jedem sonstigen Anspruch ein Zahlungsanspruch gegenübersteht. Weitere wichtige Anspruchsarten sind: Herausgabeansprüche, das sind Ansprüche auf Herausgabe von Sachen (Beispiele: §§ 985, 812 I 1, 667 BGB); Lieferungsansprüche, das sind Ansprüche auf Verschaffung von Besitz und Eigentum an Sachen (Beispiele: §§ 433 I, 651 I 1 BGB); Herstellungsansprüche, das sind Ansprüche auf Herbeiführung eines bestimmten Erfolges (Beispiel: § 631 BGB); Dienstleistungsansprüche, das sind Ansprüche auf Leistung von Diensten (Beispiel: § 611 BGB); Verwertungsansprüche, das sind Ansprüche auf Verwertung von Sachen oder Rechten zur Befriedigung eines Anspruchs (Beispiele: §§ 1113 I, 1204 I, 1273 I BGB).

Im Strafrecht und im öffentlichen Recht lassen sich gleichermaßen Anspruchsarten unterscheiden.

Normensysteme enthalten meist verhältnismäßig wenige übersehbare Anspruchsarten. Mannigfaltigkeit und Differenzierung von Normensystemen liegen üblicherweise in den Voraussetzungen, unter denen Ansprüche bestehen.

II. Die Rechtsnorm

1. Struktur

Die Struktur der Rechtsnorm läßt sich aus dem Anspruch entwickeln.

Rechtsnormen sind solche Sätze, die angeben, unter welchen Voraussetzungen welche Ansprüche gegeben sind. Sie ordnen demnach bestimmten Tatbeständen bestimmte Ansprüche zu.

Vom Anspruch wissen wir bereits, daß er in einem Satz beschrieben wird. Auch die Tatbestände lassen sich in einem Satz oder mehreren Sätzen beschreiben. Damit erfolgt die Formulierung der Zuordnung von Tatbestand und Anspruch in einer Satzverknüpfung.

Da die Zuordnung von Tatbestand und Anspruch der Art ist, daß stets dann, wenn der Tatbestand erfüllt ist, der Anspruch besteht, hat die Satzverknüpfung die Form der Implikation.

Die Struktur läßt sich somit in Symbolen kennzeichnen:

$$T \rightarrow A\,.$$

In Worten: Wenn der Tatbestand T gegeben ist, dann besteht der Anspruch A.

Wählt man für die Rechtsnorm die Form der Implikation, so ergibt sich folgendes: Wenn der Tatbestand nicht gegeben ist, dann ist unentschieden, ob der Anspruch A gegeben ist oder nicht. Es bleibt bei dieser Verknüpfung offen, ob etwa eine andere Rechtsnorm den Anspruch aus einem anderen Sachverhalt abzuleiten gestattet. Dies entspricht auch den in der Praxis verwendeten Normensystemen, denn eine Rechtsnorm sagt normalerweise nichts darüber aus, ob ein Anspruch aus einer anderen Rechtsnorm ableitbar ist. Darüber hinaus gibt es meist zu bestimmten Ansprüchen verschiedene anspruchsbegründende Rechtsnormen [4].

Stellt man den Tatbestand T durch die Merkmale M_1, $M_2 \ldots M_n$ dar und ist $\wedge$ das Zeichen der symbolischen Logik für „und", so erhalten wir

$$M_1 \wedge M_2 \wedge \ldots \wedge M_n \rightarrow A\,.$$

Da mit einem Tatbestand mehrere Ansprüche verknüpft sein können, kann demnach die Formel für Rechtsnormen die Form annehmen

$$M_1 \wedge M_2 \wedge \ldots \wedge M_n \rightarrow A_1 \wedge A_2 \wedge \ldots A_m\,.$$

2. Schichtung

Mit Rechtsnormen der Form

$$M_1 \ldots M_n \rightarrow A_1 \ldots A_m$$

läßt sich ein System dadurch aufbauen, daß man eine Reihe solcher Rechtsnormen zusammenfaßt. In diesem System einfachster Bauart lassen sich beliebige Rechtsnormen abtrennen oder hinzufügen, ohne daß das System darüber hinaus geändert würde. Andererseits ist diese einfache Bauart von Nachteil, weil die einzelnen Rechtsnormen bei zu großer Anzahl von Merkmalen unübersichtlich werden und die Wiederholung von öfter auftretenden Merkmalgruppen aufwendig ist.

Eine erhebliche Steigerung der formalen Konstruktionsmöglichkeiten und damit nicht zuletzt der Handlichkeit gewinnt

[4] *Beispiele:* A stiehlt die Uhr des B. Der Herausgabeanspruch des B gegen A ist ableitbar aus § 861 BGB, aus § 1007 BGB, aus § 985 BGB, aus § 823 I BGB, aus § 823 II BGB, aus § 826 BGB und aus § 812 BGB.

ein Normensystem durch die Möglichkeit der Schichtung von Rechtsnormen.

Die Schichtung der Rechtsnormen beruht auf der Transitivität der Implikation. Implikation ist ein Satz der Form $(\ldots \to \ldots)$ in Worten: „Wenn ..., so ...". Transitiv heißt, es gilt:

Wenn die beiden Sätze $a \to b$ und $b \to c$ gelten, so gilt auch der Satz $a \to c$.

Wir wollen hierzu ein Beispiel betrachten: Eine Rechtsnorm habe 20 Merkmale, die einem Anspruch zugeordnet seien. Das ergibt eine Rechtsnorm der Form:

$$M_1 \ldots M_{20} \to A .$$

Eine solche Rechtsnorm ist sprachlich schwer zu handhaben und schwer im Gedächtnis festzuhalten. Wir können sie aufspalten in 5 Rechtsnormen, von denen jede nur 5 Merkmale enthält:

$$\begin{array}{l} M_1 \ldots M_5 \to M_{\mathrm{I}} \\ M_6 \ldots M_{10} \to M_{\mathrm{II}} \\ M_{11} \ldots M_{15} \to M_{\mathrm{III}} \\ M_{16} \ldots M_{20} \to M_{\mathrm{IV}} \end{array} \qquad M_{\mathrm{I}} \ldots M_{\mathrm{IV}} \to A .$$

Ihren weitergehenden Wert hat die Möglichkeit der Schichtung in der Abkürzung wiederkehrender Merkmalsgruppen. Haben wir etwa die 3 Rechtsnormen

$$\begin{array}{l} M_1 \ldots M_{15} \to A_1 \\ M_6 \ldots M_{20} \to A_2 \\ M_1 \ldots M_5 ,\ M_{16} \ldots M_{20} \to A_3 , \end{array}$$

so lassen sich diese einfacher schreiben in

$$\begin{array}{l} M_1 \ldots M_5 \to M_{\mathrm{I}} \\ M_6 \ldots M_{20} \to M_{\mathrm{II}} \\ M_{11} \ldots M_{15} \to M_{\mathrm{III}} \\ M_{16} \ldots M_{20} \to M_{\mathrm{IV}} \end{array} \qquad \begin{array}{l} M_{\mathrm{I}}\ M_{\mathrm{II}}\ M_{\mathrm{III}} \to A_1 \\ M_{\mathrm{II}}\ M_{\mathrm{III}}\ M_{\mathrm{IV}} \to A_2 \\ M_{\mathrm{I}}\ M_{\mathrm{IV}} \to A_3 . \\ \end{array}$$

An dem angeführten Beispiel läßt sich wohl die Art, nicht aber das Ausmaß der Vereinfachung wiedergeben. Werden die

Rechtsnormen in einem geschichteten System niedergeschrieben, so braucht man nur einen Bruchteil an Text niederzuschreiben, der in einem ungeschichteten System niederzuschreiben wäre.

Und nun zuerst ein einfaches Beispiel einer Schichtung von Rechtsnormen:

§ 305 BGB: „Zur Begründung eines Schuldverhältnisses durch Rechtsgeschäft sowie zur Änderung des Inhalts eines Schuldverhältnisses ist ein Vertrag zwischen den Beteiligten erforderlich, soweit nicht das Gesetz ein anderes vorschreibt." Und § 241 BGB: „Kraft des Schuldverhältnisses ist der Gläubiger berechtigt, von dem Schuldner eine Leistung zu fordern. Die Leistung kann auch in einem Unterlassen bestehen."

Beide Rechtsnormen lassen sich zusammenfassen zu: „Zur Begründung des Rechtes, von einem anderen eine Leistung zu fordern sowie zur Änderung des Inhalts des Rechtes ist ein Vertrag zwischen den Beteiligten erforderlich, soweit das Gesetz nicht ein anderes vorschreibt."

Um die Struktur zu skizzieren:

Aus Vertrag → Schuldverhältnis

und

Schuldverhältnis → Recht, eine Leistung zu fordern,

folgt

Vertrag → Recht, eine Leistung zu fordern.

Eine etwas kompliziertere Schichtung ergibt sich bei der Normierung des Eigentums. Wir gehen dabei von den beiden Ansprüchen aus: Herausgabeanspruch und Entstörungsanspruch. Die zugehörigen anspruchsbegründeten Rechtsnormen sind:

§ 985 BGB: „Der Eigentümer kann von dem Besitzer die Herausgabe der Sache verlangen."

§ 1004 I 1 BGB: „Wird das Eigentum in anderer Weise als durch Entziehung oder Vorenthaltung des Besitzes beeinträchtigt, so kann der Eigentümer von dem Störer die Beseitigung der Beeinträchtigung verlangen."

Berechtigter ist Eigentümer
Verpflichteter ist Besitzer } → Anspruch auf Herausgabe

Berechtigter ist Eigentümer
Verpflichteter ist Störer } → Anspruch auf Entstörung

Nun bedarf es zur Klärung, ob ein Herausgabeanspruch oder ein Entstörungsanspruch besteht, der Normen, die sagen, wann jemand Eigentümer, Besitzer oder Störer ist.

Jemand ist Eigentümer, wenn er auf eine der folgenden Weisen Eigentümer geworden ist:

1. Übereignung
2. Erbgang
3. Ersitzung
4. Aneignung
5. Fund
6. Verbindung, Vermischung, Verarbeitung

Die zugehörigen Rechtsnormen lauten abgekürzt:

1. Übereignung an den Berechtigten → Berechtigter ist Eigentümer
2. Berechtigter ist Erbe des früheren Eigentümers → Berechtigter ist Eigentümer
3. Berechtigter hat die Sache 10 Jahre in Eigenbesitz → Berechtigter ist Eigentümer
4. Berechtigter hat sich die Sache angeeignet → Berechtigter ist Eigentümer
5. Berechtigter hat die Sache gefunden → Berechtigter ist Eigentümer
6. Berechtigter hat die Sache bearbeitet → Berechtigter ist Eigentümer

Jemand ist Besitzer, wenn er die tatsächliche Gewalt über die Sache ausübt:

Gewaltausübung über eine Sache → Besitzer

Jemand ist Störer, wenn er den Eigentümer daran hindert, mit der Sache nach Belieben zu verfahren.

Behinderung, mit einer Sache beliebig zu verfahren → Störung des Eigentümers.

Hieraus lassen sich nun die Normenketten bilden, etwa:

$$\left.\begin{array}{l}\text{Übereignung} \rightarrow \text{Eigentümer}\\ \text{Gewaltausübung} \rightarrow \text{Besitzer}\end{array}\right\} \rightarrow \text{Herausgabeanspruch}$$

$$\left.\begin{array}{l}\text{Übereignung} \rightarrow \text{Eigentümer}\\ \text{Behinderung} \rightarrow \text{Störer}\end{array}\right\} \rightarrow \text{Entstörungsanspruch}$$

Die gleichen Schemata erhalten wir unter Verwendung der übrigen vier Arten des Erwerbs von Eigentum. Die Struktur ist noch insoweit vereinfacht, als noch an Hand der einschlägigen Normen zu prüfen wäre, ob das Eigentum nicht wieder verlorengegangen ist. Wir wollen jedoch das Beispiel in anderer Weise weiter analysieren.

Eine Übereignung ist auf drei Arten möglich:

1. durch Einigung und Übergabe
2. durch Einigung und Besitzkonstitut
3. durch Einigung und Abtretung des Herausgabeanspruchs.

Dem entsprechen die drei Normen:

1. $\left.\begin{array}{l}\text{Einigung}\\ \text{Übergabe}\end{array}\right\} \rightarrow \text{Übereignung}$
2. $\left.\begin{array}{l}\text{Einigung}\\ \text{Besitzkonstitut}\end{array}\right\} \rightarrow \text{Übereignung}$
3. $\left.\begin{array}{l}\text{Einigung}\\ \text{Abtretung des Herausgabeanspruchs}\end{array}\right\} \rightarrow \text{Übereignung}$

Erweitern wir die Begründung des Herausgabeanspruchs, so erhalten wir für den 1. Fall:

$$\left.\begin{array}{l}\text{Einigung}\\ \text{Übergabe}\end{array}\right\} \rightarrow \left.\begin{array}{l}\text{Übereignung} \rightarrow \text{Eigentümer}\\ \text{Gewaltausübung} \rightarrow \text{Besitzer}\end{array}\right\} \rightarrow \text{Herausgabeanspruch}$$

In gleicher Weise sind der Entstörungsanspruch und die übrigen Varianten darzustellen.

Bei der Schichtung geht die Einfachheit der Einteilung der Rechtsnorm in Tatbestand und Anspruch verloren. Vordersatz der Rechtsnormen kann nun nicht nur ein Tatbestand, sondern auch eine Rechtsfolge — die Rechtsfolge einer anderen Rechtsnorm oder mehrerer Rechtsnormen — sein. Nachsatz muß nicht immer ein Anspruch, sondern kann auch ein Begriff sein, den man hier auch Rechtsfolge nennt. Die Struktur der Rechtsnorm muß deshalb nun allgemeiner dargestellt werden:

$$\text{Voraussetzungen} \rightarrow \text{Rechtsfolge}$$

Aus der Funktion der Schichtung ergibt sich eine weitere Erkenntnis. Die Begriffe, die als Rechtsfolge einer Rechtsnorm gebildet werden und als Voraussetzung einer anderen Rechtsnorm dienen, haben lediglich syntaktische Funktion. Syntaktische Funktion heißt, daß sich die Aufgabe auf die Ermöglichung formaler Konstruktion beschränkt, ohne daß es auf deren Inhalt ankommt.

Man kann sich den Zusammenhang dadurch veranschaulichen, daß diese Begriffe eliminiert werden können, ohne daß die normative Regelung geändert oder in ihrem Ausmaß verringert werden würde. Dazu das Beispiel des Begriffes Schuldverhältnis: Aus § 305 BGB und § 241 BGB läßt sich eine Rechtsnorm bilden, in der der Begriff Schuldverhältnis nicht mehr vorkommt, ohne daß sich Inhalt oder Umfang der Regelung geändert hätte.

Um es in Symbolen darzustellen: Bei den Sätzen der Art

$$a \rightarrow b,\; b \rightarrow c,\; a \rightarrow c,$$

bei denen b kein beobachtbares Merkmal oder ein Anspruch ist, kommt es auf einen Begriffsinhalt von b nicht an. Die Bedeutung von b erschöpft sich in seiner Funktion als Zeichen, so wie es hier verwendet ist.

Aus der Funktion dieser Begriffe ergibt sich für die Rechtswissenschaft die Folgerung, daß Arbeiten über das Wesen solcher syntaktischen Begriffe wie Eigentum, Besitz, Schuldverhältnis nichts zur weiteren Erkenntnis beitragen können [5].

[5] Natürlich können auch in solchen Arbeiten Erkenntnisse enthalten sein, aber streng genommen nur solche, die das Thema verfehlt haben.

3. Deutung

Die Deutung einer Rechtsnorm gibt Antwort auf die Frage, welcher Art der Zusammenhang zwischen Rechtsnorm und Wirklichkeit ist. Man drückt es auch so aus, dieser Zusammenhang interpretiere die Rechtsnorm.

Eine Rechtsnorm stellt in ihrer einfachsten Form eine Zuordnung zwischen Tatbestand und Anspruch her. Gehört die Rechtsnorm einem System an, in dem Rechtsnormen geschichtet sind, so kann an die Stelle des Tatbestands oder des Anspruchs ein Begriff treten. Wir müssen die Verknüpfung dann auf Voraussetzung und Rechtsfolge erweitern.

Eine weitere Präzisierung der Deutung von Rechtsnormen kann durch die nähere Beschreibung der Art der Zuordnung gewonnen werden.

Da sich mehrere Arten der Zuordnung geben lassen, lassen sich auch verschiedene Deutungen von Rechtsnormen geben. Es handelt sich hier nicht nur um theoretische Möglichkeiten, sondern es gibt mehrere Deutungen von Rechtsnormen, die erforderlich sind, um auch nur die wichtigsten Erscheinungen des Rechtslebens und der Rechtswissenschaft darzustellen.

Die wichtigsten Deutungen von Rechtsnormen oder Systemen von Rechtsnormen werden als Geltung von Rechtsnormen bezeichnet. Den unterschiedlichen Geltungsbegriffen liegen unterschiedliche Zuordnungen von Rechtsnormen und Wirklichkeit zugrunde.

Die wichtigste Unterscheidung der Möglichkeiten einer Deutung von Rechtsnormen liegt in der Unterscheidung von Deskription und Präskription. Deskription ist jene Deutung, bei der Rechtsnormen die Tätigkeit des Sanktionsapparates beschreiben. Präskription ist jene Deutung, bei der Rechtsnormen die Anweisung für eine Tätigkeit des Sanktionsapparates enthalten.

Für die Deskription reicht eine einzige Deutung aus. Es ist zweckmäßig, für die Rechtswissenschaft die gleiche Deutung zu verwenden, die empirische Wissenschaften ihren Aussagen zugrunde legen.

Für die Präskription sind mehrere Deutungen der Rechtsnorm erforderlich. Bereits die Umschreibung als Anweisung einer Tätigkeit des Sanktionsapparates eröffnet eine vielschichtige Differenzierung nach der Art und Weise der Anweisung und nach dem Autor der Anweisung. Da es nicht sinnvoll ist, diese Vielfalt ohne Berücksichtigung des Verwendungszwecks der Rechtsnormen auszubreiten und außerdem die Verwendung von Rechtsnormen in einem eigenen Teil der Allgemeinen Rechtslehre behandelt wird, sei für diese Frage insoweit darauf verwiesen.

4. Disjunktive Darstellung

Die Art der Verknüpfung einer Rechtsnorm läßt sich darstellen durch die Formel:

Wenn die Voraussetzungen *V* gegeben sind, dann besteht die Rechtsfolge *R*.

In Symbolen:

$$V \rightarrow R .$$

Das System der Aussagenlogik, mit dem man die logische Basis der lebenden Sprachen üblicherweise darstellt, stellt der Implikation den folgenden Satz gleich:

$$\neg V \vee R .$$

In Worten:

Die Voraussetzungen *V* sind nicht gegeben, oder die Rechtsfolge *R* besteht.

Hier entsteht die Frage, ob auch die Rechtsnorm, deren Struktur wir bereits mit $V \rightarrow R$ ermittelt haben, durch die Form $\neg V \vee R$ adäquat dargestellt werden kann.

Mit einer gewissen Härte der Interpretation läßt sich die Rechtsnorm auch als Disjunktion deuten. Dies mögen einige Beispiele verdeutlichen:

Die §§ 305, 241 enthalten die Rechtsnorm: Wenn X und Y

einen Vertrag schließen, X habe gegen Y den Anspruch *A*, dann besteht der Anspruch *A*. Die disjunktive Deutung würde lauten: X und Y schließen keinen Vertrag, X habe gegen Y den Anspruch *A*, oder der Anspruch *A* besteht.

Diese Ausdrucksweise erinnert an die Vorstellung der Privatautonomie: Entweder man schließt keinen Vertrag oder es entsteht ein Anspruch. Dabei ist wie in der Aussagenlogik auch hier die Möglichkeit offen, daß man keinen Vertrag schließt und doch ein bestimmter Anspruch aus einer anderen Anspruchsgrundlage entsteht.

§ 823 I BGB lautet gekürzt: Wenn X das Eigentum des Y schuldhaft verletzt, dann hat X dem Y den Schaden zu ersetzen. Stellen wir diesen Satz disjunktiv dar, so lautet er: X verletzt nicht schuldhaft das Eigentum des Y oder er muß ihm den Schaden ersetzen. Dem Zivilrechtler wird auch hier die disjunktive Form adäquat erscheinen. Man könnte jedoch darauf hinweisen, daß dem Gesetzgeber eine Wahl zwischen Unterlassung der Schädigung und Schadensersatz nicht ganz gleichgültig sein kann, wenn er mit der Festsetzung der Schadensersatzpflicht außer der Wiedergutmachung des Schadens auch die Beschädigung verhindern oder behindern will. Doch muß klargestellt werden, daß der Gesetzgeber mit dieser Norm von den Folgen her gesehen dennoch die Wahl freistellt.

Deutlich wird die Härte der Interpretation bei § 211 StGB: Wenn X einen Mord begeht, wird er mit lebenslangem Zuchthaus bestraft. In der disjunktiven Form hieße der Satz: X begeht keinen Mord, oder X wird mit lebenslänglichem Zuchthaus bestraft. Man hat hier das richtige Gefühl, daß es nicht gleichgültig ist, welche Möglichkeit realisiert wird. Es ist für eine Gemeinschaft nicht das gleiche, ob kein Mord geschieht und niemand mit lebenslänglichem Zuchthaus bestraft wird, oder ob Morde geschehen und die Mörder mit lebenslänglichem Zuchthaus bestraft werden [6]. Und dennoch, das Gesetz läßt hier die Wahlmöglichkeit. Es verhängt keine Sanktionen bereits dafür, daß überhaupt bewußt gewählt wird.

Im Gegensatz hierzu stehen die informellen Sanktionen der Gesellschaft. Wer nur Schädigungen unterläßt, wenn ihm das Risiko des Schadensersatzes oder der Strafe zu groß ist, wird von seinen Mitmenschen als Gefahr empfunden und isoliert. Diese informellen Sanktionen lassen die disjunktive Deutung als Interpretationshärte entstehen. Bei genauer Betrachtung ergibt sich aber deutlich, daß die Form der Disjunktion gleichermaßen wie die Form der Implikation die Rechtsnorm adäquat darstellen.

5. Unvollständige Abbildungen

In rechtstheoretischen, mehr noch in rechtsphilosophischen Abhandlungen findet man auch eine Kennzeichnung von Rechtsnormen als Sollenssätze. Hier soll gezeigt werden, daß eine Abbildung der Rechtsnormen durch Sollenssätze unvollständig ist.

Ein Sollenssatz enthält eine Beschreibung des Zustandes, der hergestellt werden oder der vermieden werden soll. Hinzu kommt die Kennzeichnung, daß der betreffende Zustand hergestellt oder daß er vermieden werden soll. Der Sollenssatz ent-

---

[6] Diesen Zusammenhang sieht Engisch so: „Seiner Substanz nach ist der Rechtssatz ein kategorischer Imperativ. Er fordert unbedingt. Daß der Strafrechtssatz meinen könnte, man habe die Wahl zwischen Tötung und Nichttötung, zwischen Zuchthaus und Freiheit, man dürfe daher, wenn man bereit sei, sein Leben hinter den Mauern der Strafanstalt zu verbringen, getrost einen Mord begehen, wäre gewiß ein schnödes Mißverständnis." (Engisch, Karl: Einführung in das juristische Denken, 3. Aufl., Stuttgart 1964, S. 31.)

Engisch verknüpft hier den Bereich der Rechtsnormen mit anderen normativen Bereichen, wie dem der Ethik oder der gesellschaftlichen Sanktion. Diese Verknüpfung über den Begriff des kategorischen Imperativs ist aber eigentlich selbst wieder ein Imperativ, aber keine rechtstheoretische Aussage, wie die Verknüpfung „ist" vermuten ließe. So wird der, der dem von Engisch formulierten Imperativ zuwiderhandelt, von der Rechtsordnung nicht wegen der Wahl, sondern nur wegen der Tat bestraft. Denn wählt er nicht den Mord, sondern sieht aufgrund kühl abwägender Überlegungen davon ab, so wird er hierfür nicht bestraft, auch wenn sich in dieser Denkweise eine extrem gemeinschaftschädliche Einstellung offenbart.

hält jedoch keine Regelung für den Fall, daß dem Sollen zuwidergehandelt wird.

Nehmen wir als Beispiel: Du sollst nicht töten. Hier wird gesagt, daß nicht getötet werden soll. Nichts ist jedoch gesagt für den Fall, daß doch jemand tötet. Eine vollständige Rechtsnorm gibt jedoch auch und gerade für diesen Fall eine Regelung.

Damit fehlt bei den Sollenssätzen die Verknüpfung zwischen dem normwidrigen Verhalten und dem Tätigwerden des Sanktionsapparates. Eine Rechtsordnung war aber gerade durch Sanktionen eines zentralen Sanktionsapparates bestimmt. Da sie Sanktionen nicht angeben, können Sollenssätze auch keine Rechtsordnung beschreiben.

III. Die Definition

1. Die Struktur

Die Definition ordnet zwei Ausdrücke einander zu. Bezeichnen wir die beiden Ausdrücke mit A' und A, so läßt sich die Definition in Symbolen darstellen mit

$$A' = \text{def.}\, A\,.$$

Das Definitionszeichen, das beide Ausdrücke verbindet, heißt in der lebenden Sprache „ist“ oder „heißt“ oder „bedeutet“ oder ein Synonym hiervon.

Zunächst einige Beispiele:

„Sachen im Sinne des Gesetzes sind nur körperliche Gegenstände“ (§ 90 BGB). Hier wird die Definition eines Begriffes gegeben, der in der Alltagssprache einen weiteren Sinnumfang hat. Die von dem sonstigen Sprachgebrauch abweichende Begriffsbildung wird dabei auf den Geltungsbereich des Gesetzes eingeschränkt.

„Wer zum Schadensersatz verpflichtet ist, hat den Zustand herzustellen, der bestehen würde, wenn der zum Ersatze verpflichtende Umstand nicht eingetreten wäre" (§ 249, 1 BGB). Die Definition ist aufwendiger als erforderlich, indem sie den Begriff der Verpflichtung zum Schadensersatz mitschleppt, ist dafür aber vielleicht anschaulicher. Auf das Erforderliche reduziert, lautet die Definition: „Schadensersatz ist die Herstellung des Zustandes, der ohne den zum Ersatze verpflichtenden Umstand nicht eingetreten wäre."

2. Verwendungsregel

Die Verwendungsregel für Definitionen besagt, daß ein Ausdruck überall, wo er in einem Text erscheint, durch den ihm zugeordneten Ausdruck ersetzt werden kann.

Haben wir etwa die Rechtsnorm: „Der Eigentümer kann von dem Besitzer die Herausgabe der Sache verlangen" und die Definition „Sachen sind körperliche Gegenstände", so kann man den Satz bilden: „Der Eigentümer kann von dem Besitzer die Herausgabe des körperlichen Gegenstandes verlangen." Genauer gesagt: Gehört eine Rechtsnorm und eine Definition einem System von Sätzen an, so gehört ihm auch der daraus gebildete Satz an.

3. Verwendungszweck

Die Definition dient der Abkürzung. Komplizierten Ausdrücken werden einfache zugeordnet. Dadurch lassen sich komplizierte Sätze in einfache Sätze und Definitionen zerlegen.

Ableitungen, bei denen die gleichen Ausdrücke öfters erscheinen, können mit Definitionen einfacher und durchsichtiger formuliert werden. Auch lassen sich Sätze und damit auch Rechtsnormen verständlicher formulieren, wenn man sie von verwickelten Abgrenzungsfragen entlastet und diese in die Definitionen verlegt.

Dazu ein Beispiel: Die Rechtsnorm: „Verpflichtet sich jemand zur Veräußerung oder Belastung einer Sache, so erstreckt sich die Verpflichtung im Zweifel auch auf das Zubehör der Sache“ (§ 314 BGB). Die zugehörigen Definitionen: „Sachen im Sinne des Gesetzes sind nur körperliche Gegenstände“ (§ 90 BGB). „Zubehör sind bewegliche Sachen, die, ohne Bestandteile der Hauptsache zu sein, dem wirtschaftlichen Zweck der Hauptsache zu dienen bestimmt sind und zu ihr in einem dieser Bestimmung entsprechenden räumlichen Verhältnisse stehen...“ (§ 98 BGB).

An diesem Beispiel läßt sich ersehen, daß eine Aufnahme der Definitionen in die Rechtsnorm diese unübersichtlich und schwer verständlich machen würde.

Die Ersetzung von A durch A' verändert nicht den Sinngehalt eines Textes. Durch Definition kann kein Gehalt, kann keine Information hinzugewonnen werden. Dies ergibt sich schon daraus, daß Definitionen Sprachregeln sind, die etwas über die Verwendung der Sprachzeichen, jedoch nichts über die abzubildende Wirklichkeit aussagen.

4. Schichtung

Wenn eine Definition

$$A' = \text{def. } A$$

gilt, dann gelten auch die Sätze

$$A \rightarrow A' \text{ und } A' \rightarrow A .$$

Damit lassen sich die Definitionen in die Schichtung von Rechtsnormen einordnen.

Hierzu das folgende Beispiel:

§ 194 BGB definiert den Anspruch als das Recht, von einem anderen ein Tun oder Unterlassen zu verlangen. Hieraus lassen sich die beiden Sätze der Form „Wenn ..., dann ...“ bilden: Wenn das Recht, von einem anderen ein Tun oder Unterlassen zu verlangen, gegeben ist, dann ist ein Anspruch gegeben. Und: Wenn ein Anspruch gegeben ist, dann ist ein Recht, von einem anderen ein Tun oder Unterlassen zu verlangen, gegeben.

Diese Definition läßt sich z. B. in folgender Weise in die Schichtung einbeziehen: Haben wir zusätzlich die Bestimmungen „Die regelmäßige Verjährungsfrist beträgt dreißig Jahre" (§ 195 BGB) und „Nach der Vollendung der Verjährung ist der Verpflichtete berechtigt, die Leistung zu verweigern" (§ 222 I BGB), so können wir eine Schichtung wie folgt skizzieren:

Recht, ein Tun oder
Unterlassen zu verlangen } → Verjährung

Verjährung → Leistungsverweigerungsrecht

Umgekehrt leistet die Eingliederung eines Begriffes in eine Schichtung Teilfunktionen einer Definition[7]. Dabei liefert die eine Rechtsnorm innerhalb der Schichtung eine Kennzeichnung des Inhalts eines Begriffs der angeschlossenen Rechtsnorm.

Nehmen wir wieder die §§ 305, 241 BGB als Beispiel.
Wir hatten die beiden Normen:

§ 305 BGB: Vertrag → Schuldverhältnis
§ 241, 1 BGB: Schuldverhältis → Recht, eine Leistung zu fordern

Vom Standpunkt des § 305 BGB aus erläutert § 241 BGB, was ein Schuldverhältnis ist. Vom Standpunkt des § 241 BGB gibt § 305 BGB für den Begriff des Schuldverhältnisses eine gewisse Erläuterung.

5. Legaldefinition

Definitionen enthalten Verwendungsregeln für sprachliche Ausdrücke, sie ordnen sprachliche Ausdrücke anderen sprachlichen Ausdrücken zu. Daraus leitet sich die Antwort auf die Frage ab,

[7] Man spricht hier auch von axiomatischer Definition.

wann Definitionen frei gewählt werden können und wann Definitionen festgelegt sind.

Wer eine Theorie aufstellt, d. h. ein System von Sätzen errichtet, oder wer eine Sprache oder Teilsprache entwickeln will, d. h. ein umfangreiches System von Sätzen entwickeln will, ist in der Wahl der Definitionen frei. Die Definitionen entscheiden lediglich über den Ausdrucksumfang der Theorie bzw. der Sprache.

Wer einen bestehenden Text verstehen will, kann die Definitionen nicht frei wählen, sondern ist an die mitgelieferten Definitionen gebunden. Soweit Definitionen nicht gegeben sind, können sie nicht hinzugefügt werden. Bei einem Gesetz — einem System von Rechtsnormen, das von einem Gesetzgeber erlassen ist — nennt man die ausdrücklichen Definitionen Legaldefinitionen. Solche Definitionen können nicht abgeändert werden, ohne den Gesetzesinhalt zu ändern.

6. Sprachgebrauch

Ein System von Sätzen, auch ein System von Rechtsnormen, enthält außer den Begriffen, für die Definitionen angegeben sind, auch Ausdrücke, für die Definitionen nicht beigefügt sind. Der Bedeutungsgehalt dieser Ausdrücke ist jedoch meist nicht offengelassen, sondern von anderen Satzsystemen übernommen.

Soll ein System von Sätzen, etwa ein Normensystem, aufgestellt werden, geht man in aller Regel von der Alltagssprache aus. Man übernimmt von ihr jenen Bedeutungsgehalt der Ausdrücke, der in der betreffenden Sprachgemeinschaft üblich ist. Sodann verwendet man die Ausdrücke der Fachsprache, soweit diese für den Zweck des Systems brauchbar sind. Bedarf es neuer Begriffe, so werden diese in ausdrücklichen Definitionen hinzugefügt.

Soll der Bedeutungsgehalt eines Systems von Sätzen ermittelt werden, so geht man in umgekehrter Reihenfolge vor. Man sucht erst nach den gegebenen Definitionen. Soweit diese fehlen, geht man zurück auf die Fachsprache, schließlich auf die Alltagssprache.

Soweit ausdrückliche Definitionen — bei Gesetzen sind es Legaldefinitionen — fehlen, tritt an ihre Stelle der Sprachgebrauch. Läßt sich der Bedeutungsgehalt eines Begriffes auch nicht durch den Sprachgebrauch gewinnen, so bleibt die Frage offen. Das System ist insoweit unbestimmt.

7. Auslegung

Versteht man unter Auslegen den Bedeutungsgehalt einer Rechtsnorm ermitteln, so ergibt sich folgendes Verfahren:

1. Man verfolgt die Anschlußnormen in der Schichtung und eliminiert die Zwischenbegriffe.

2. Man ersetzt aus den Legaldefinitionen die Begriffe durch die dort gegebenen Umschreibungen.

3. Man ersetzt die restlichen Begriffe aus dem Sprachgebrauch so lange, bis sich eine Entscheidung gewinnen läßt, ob ein Merkmal durch den Sachverhalt gegeben ist oder nicht.

Jede Tätigkeit, die darüber hinausgeht, ist nicht Auslegung, sondern Veränderung des Normensystems, sogenannte Rechtsfortbildung [8].

IV. Die Aussage

1. Zustandsbeschreibungen

Man muß unterscheiden zwischen der Beschreibung des Zustandes, der ist, und der Beschreibung des Zustandes, der sein soll.

[8] Man kann diese Unterscheidung und ihre Verleugnung nicht besser charakterisieren als mit dem Vers: „Im Auslegen seid frisch und munter, legt Ihrs nicht aus, so legt was unter.“ Goethe, Zahme Xenia 2.

Entsprechend unterscheidet man deskriptive und normative Sätze.

Beide Satzarten enthalten als Kern eine Zustandsbeschreibung. Diese läßt sich aus einem Satz leicht herauslösen, wenn man ihn in die Form des „Daß"-Satzes bringt. Der mit „daß" eingeleitete Nebensatz enthält dabei in der Regel die Zustandsbeschreibung, der grammatikalische Hauptsatz enthält die Kennzeichnung als deskriptiven oder normativen Satz.

Beispiele: 1. Es ist wahr, daß A an B 100.— DM zahlt. 2. Es ist rechtens, daß A an B 100.— DM zahlt. 3. C wünscht, daß A an B 100.— DM zahlt.

Ganz allgemein sind deskriptive Sätze solche, die die Wirklichkeit beschreiben, d. h., deskriptive Sätze sind wahr, wenn die Zustandsbeschreibungen mit den Beobachtungen der Wirklichkeit übereinstimmen; sie sind falsch, wenn die Zustandsbeschreibungen mit der Wirklichkeit nicht übereinstimmen.

Mit Aussagen bezeichnen wir nur deskriptive Sätze. Für präskriptive Sätze bedarf es mehrerer Geltungsbegriffe, um die Phänomene der Präskription zu erfassen.

Aber auch präskriptive Systeme sind Satzsysteme, die auf deskriptive Sätze zurückgeführt werden können. Die Art und Weise der Präskription kann wieder nur in deskriptiven Sätzen beschrieben werden.

Auch wenn präskriptive oder, wie oft gesagt wird, normative Systeme auf deskriptive Systeme zurückgeführt werden können, bleibt die Unterscheidung innerhalb eines Systems erforderlich. Es ist ein Unterschied, ob eine Zustandsbeschreibung mit der Wirklichkeit übereinstimmt oder ob sie erst realisiert werden soll. Der Unterschied wird erst aufgehoben, wenn die präskriptiven Sätze in einem umfassenderen Satzsystem erscheinen, das außer den präskriptiven Sätzen noch eine genaue Beschreibung enthält, was durch den Modus der Präskription skizziert ist.

Die Verwendung von Systemen von Rechtsnormen ist nur in einer Rechtssprache möglich, in der sowohl Rechtsnormen als auch Aussagen vorkommen. Somit brauchen wir zwei unterschiedliche Gültigkeitsvoraussetzungen: Die Zugehörigkeit zu einem System von Rechtsnormen bestimmter vorgegebener Art und die Wahrheit von Aussagen. Dem entspricht die Unterscheidung von Rechtsfrage und Tatfrage.

Im folgenden sollen die einzelnen Arten von Aussagen dargestellt werden.

2. Individualsätze

Individualsätze beschreiben einen konkreten Sachverhalt.

Beispiele: A ist 22 Jahre alt. B ist mit seinem Pkw, Kennzeichen X, gegen die Straßenlaterne vor dem Haus Y, Straße Z, gefahren.

Sie sind wahr, wenn die Beobachtung mit der Beschreibung übereinstimmt.

Bei den Naturwissenschaften ist eine Festlegung, wessen Beobachtung entscheidet, von untergeordneter Bedeutung. Denn hier kommt es hauptsächlich auf wiederholbare Vorgänge an. Bei dem Aufbau von Normensystemen kommt es aber meist auf die Frage an, wie, wann und wo sich ein konkreter Sachverhalt abgespielt hat[9].

Die Beobachtung läßt sich unmittelbar zugrunde legen, wenn der Sachverhalt noch wahrgenommen werden kann.

Beispiel: Die Straße X hat an der Stelle Y eine Steigung von 5%.

Sehr oft fehlt es aber an der Möglichkeit, den erheblichen Sachverhalt unmittelbar zu beobachten. Dann interessiert die Möglichkeit, mittelbar die Wahrheit von Sachverhaltsbeschreibungen zu erschließen. Dies ist möglich durch Kausalgesetze oder Wahrscheinlichkeitsgesetze.

---

[9] Die Fragen, die sich mit der Feststellung eines Sachverhaltes befassen, gehören zum Bereich des Beweisrechts. Auch wenn Spezialfragen in diesen Bereich verwiesen werden können, müssen die Grundfragen bekannt sein, weil sie ein Teil der Sprache sind, in der sich der Jurist ausdrückt.

3. Kausalgesetze

Kausalgesetze sind Aussagen der Form: Wenn die Tatsache *A* gegeben ist, ist auch die Tatsache *B* gegeben. Kausalgesetze haben die gleiche Struktur wie Rechtsnormen, so daß auch sie in der Formel

$$A \rightarrow B$$

dargestellt werden können.

Läßt sich eine Tatsache *X* nicht beobachten, wohl aber sogenannte Hilfstatsachen $X_1, X_2, \ldots, X_n$, und gibt es Kausalgesetze, die eine Kausalbeziehung zwischen $X_1 \ldots X_n$ und *X* herstellen, so läßt sich hieraus das Bestehen der Tatsache *X* erschließen.

Dies läßt sich kurz mit dem Schema darstellen:

$$X_1, X_2, \ldots, X_n$$
$$(X_1, X_2, \ldots, X_n) \rightarrow X$$
daraus folgt
$$X$$

Ein Kausalgesetz ist nur dann gültig, wenn bei ausreichender Prüfung in allen Fällen, in denen sich *A* ereignet hat, sich auch *B* ereignet hat und in keinem Fall sich *A* aber nicht *B* ereignet hat. Ob ein Kausalgesetz als gültig betrachtet werden kann, also einem System als zugehörig angesehen werden soll, kann nicht für alle Situationen gleich entschieden werden. Die Bestätigung von Kausalgesetzen wird stets durch eine bestimmte Prüfungssituation gekennzeichnet. Ob diese ausreicht, um die Verwendung des betreffenden Satzes als Kausalgesetz zu begründen, muß aus dem Verwendungszweck entschieden werden.

Zwar gibt es Kausalgesetze, die sich in so vielen Anwendungsarten bewährt haben, daß sie üblicherweise nicht in Zweifel gezogen werden, doch besteht grundsätzlich auch bei ihnen das gleiche Problem. Nur schließt man aus der bisherigen Erfahrung, daß bei der weiteren Anwendung zweckentsprechende Ergebnisse erreicht werden. Solche Sätze aus dem Basiswissen einer Wissenschaft haben für den Aufbau eines Normensystems besondere Bedeutung.

4. Wahrscheinlichkeitsgesetze

Während Kausalgesetze den strengen Schluß von einem Ereignis auf ein anderes zulassen, lassen Wahrscheinlichkeitsgesetze einen Schluß nur auf die Wahrscheinlichkeit eines Ereignisses zu.

Das Schema für Haupt- und Hilfstatsachen lautet dann:

Sind $X_1, X_2, \ldots, X_n$ Hilfstatsachen

und gibt es ein Wahrscheinlichkeitsgesetz $(X_1, X_2, \ldots, X_n) \rightarrow X$,

dann existiert der Sachverhalt X mit der Wahrscheinlichkeit W.

Wenn auch Juristen noch nicht den Argwohn gegenüber Wahrscheinlichkeitsgesetzen überwunden haben, so läßt sich heute kein leistungsfähiges Normensystem mehr ohne die Heranziehung von Wahrscheinlichkeitsgesetzen aufbauen.

V. Der Deduktionszusammenhang

1. Schlußregel

Die Schlußregel läßt sich wie folgt formulieren:

Gehören die Sätze p und $p \rightarrow q$ zu einem System, so gehört auch der Satz q zu diesem System.

Hierbei wurde der Systembegriff zugrunde gelegt, um die Schlußregel auf beliebige Arten von Satzsystemen anwenden zu können.

2. Anwendung auf deskriptive Sätze

Auf die deskriptive Sprache angewandt, lautet die Schlußregel:

Ist p und $p \rightarrow q$ wahr, so ist auch q wahr.

Mit dem Systembegriff formuliert:

Gehören p und $p \rightarrow q$ einem System wahrer Sätze an, so gehört ihm auch q an.

Beispiel: Wenn die Sätze „X ist ein Mensch“ und „Wenn X ein Mensch ist, dann ist X sterblich“ [10] wahr sind, dann ist der Satz „X ist sterblich“ wahr.

3. Anwendung auf normative Sätze

Auf die normative Sprache läßt sich die Schlußregel in gleicher Weise anwenden. Hier lautet die Schlußregel:

Sind die Sätze p und $p \rightarrow q$ rechtens, so ist auch q rechtens.

4. Anwendung in Normensystemen

Würde ein System die Schlußregel nur für normative Sätze erklären, so könnten wir ein solches System mit der Wirklichkeit nicht in Beziehung setzen. Deshalb muß die Schlußregel auf die Kombination beider Satzarten angewandt werden. In einfacher Art lautet dann die Schlußregel:

Ist der Satz p wahr und der Satz $p \rightarrow q$ rechtens, so ist auch der Satz q rechtens.

Beispiel: Ist der Satz „A hat B eine Sache weggenommen“ wahr und der Satz „Wenn A dem B eine Sache weggenommen hat, hat A dem B die Sache herauszugeben“ rechtens, so ist auch der Satz „A hat B die Sache herauszugeben“ rechtens.

Die Schlußregel läßt sich aber nicht unterschiedslos auf normative Sätze anwenden. Es gibt verschiedene Arten von Rechtsnormen, die nicht aufeinander zurückgeführt werden kön-

---

[10] Die umständliche Ausdrucksweise wurde gewählt, um die Satzstruktur deutlich zu machen. Einfacher lautet der Satz „Wer Mensch ist, ist sterblich“. Oder „Der Mensch ist sterblich“.

nen. Deshalb muß die Schlußregel für normative Systeme genauer lauten:

Ist der Satz p wahr und gehört die Rechtsnorm $p \rightarrow q$ zu einem bestimmten System von Rechtsnormen, so gehört auch q zu diesem System.

VI. Das deduktive System

Normensysteme lassen sich am genauesten in Form deduktiver Systeme errichten.

1. Ansprüche

Bei der praktischen Verwendung von Normensystemen steht die Frage im Vordergrund, welche Ansprüche zu einem bestimmten Normensystem gehören. Auf Rechtsordnungen bezogen bedeutet die Frage, welches Verhalten welcher Rechtssubjekte vom Sanktionsapparat zwangsweise realisiert werden soll.

Da sich in einem brauchbaren Normensystem die Ansprüche nicht aufzählen lassen, brauchen wir eine abstrakte Beschreibung aller Ansprüche, die zu einem System gehören sollen. Eine solche Bestimmung durch ein Normensystem muß demnach die Entscheidung liefern, ob ein in Frage stehender Anspruch zu dem System gehört (oder wie der Jurist etwas mißverständlich sagt, ob er gegeben ist). Diese Frage muß das System zu jedem beliebigen Anspruch beantworten.

2. Rechtsnormen

Ein Normensystem läßt nur dann eine Entscheidung über die Zugehörigkeit der Ansprüche zu dem System zu, wenn genau festgelegt ist, welche Rechtsnormen zu dem Normensystem gehören.

Wäre das Normensystem offen in dem Sinn, daß außer bestimmt bezeichneten Rechtsnormen noch andere dazugehören, so wäre auch offen, ob irgendein Anspruch zu dem System gehört. Denn wäre ein Anspruch aus den bezeichneten Rechtsnormen ableitbar, könnte er durch andere nicht bezeichnete Rechtsnormen im Wege der Ausnahme ausgeschlossen — wie der Jurist sagt, verneint — werden. Wäre ein Anspruch aus den bezeichneten Rechtsnormen nicht ableitbar, könnte er aus anderen nicht bezeichneten Rechtsnormen immer noch abgeleitet — oder wie der Jurist sagt, bejaht — werden.

3. Definitionen

Ein Normensystem muß keine Definitionen enthalten, um vollständig zu sein. Da aber Definitionen im Wege der Abkürzung komplizierter Ausdrücke die Formulierung erleichtern, wird ein Normensystem in der Regel Definitionen aufweisen.

Zu einem Normensystem gehören nur solche Definitionen, die ihm ausdrücklich hinzugefügt wurden oder auf die verwiesen wird. Das heißt, zu dem System gehören nur die Legaldefinitionen und die Definitionen des Sprachgebrauchs. Der Sprachgebrauch ist deshalb Bestandteil des Systems, weil ein System, das sich einer Sprache bedient, auf der Anwendung ihrer Sprachregeln beruht, und zu diesen gehören die Definitionen des Sprachgebrauchs.

Bleibt auch nach Heranziehung dieser Definitionen ein Ausdruck unklar, so bleibt das System unklar. Wer nunmehr Definitionen aufstellt und dem System hinzufügt, verändert das System.

Wenn nicht zwischen dem Aufsuchen und Verwenden bestehender zugeordneter Definitionen und der Bildung von Definitionen — aus welchen Zwecken und Motiven auch immer — unterschieden wird, kann auch nicht zwischen Rechtssetzung und Rechtsanwendung unterschieden werden.

4. Aussagen

Welche Ansprüche im einzelnen zu einem System gehören, hängt auch davon ab, welche konkreten Sachverhalte dazu gehören. Dieses Problem klammert man gewöhnlich aus den anspruchsbegründenden Normenbereichen aus und verweist es in das Prozeßrecht. Ganz allgemein geht man von der Vorstellung aus, daß es auf die Beschreibung der Wirklichkeit ankommt und bestimmt von hier aus das Verfahren der Feststellung des Sachverhalts.

Ein System bedarf aber meist noch irgendwelcher Allaussagen in Form von Kausalgesetzen und Wahrscheinlichkeitsgesetzen. Bei diesen Sätzen läßt sich das Problem mit einer Verweisung auf die Beobachtung nicht lösen. Da es einen allgemeingültigen Maßstab für hinreichende Bestätigung von Kausalgesetzen und Wahrscheinlichkeitsgesetzen nicht gibt, bedarf es einer besonderen Bestimmung, welche Naturgesetze dieser Art zu dem System gehören.

Gibt es für diese Fragen keine Regelung, bleibt das System insoweit unbestimmt, und es können im Falle A andere Anforderungen etwa an den Nachweis der Kausalität von Ereignissen gestellt werden als im Falle B.

In der Praxis behilft man sich durch Delegation der Entscheidung an Sachverständige. Diese werden in Fragen des Basiswissens ihrer Fachwissenschaft eine klarere Stellungnahme abgeben können als bei neuen und spezialisierten Fragestellungen.

Eine Weiterentwicklung der heute in Anwendung befindlichen Normensysteme wird kaum ohne stärkere Berücksichtigung und Lösung dieser Fragen gelingen.

5. Der Deduktionszusammenhang

Ein System ist schon dem Namen nach kein deduktives System, wenn zwischen seinen Sätzen kein klar definierter Deduktionszusammenhang besteht. Aber auch den Eigenschaften nach läßt sich ein System nicht ohne klar definierte Zuordnung begründen.

Wir hatten dem Normensystem in Gesalt des deduktiven Systems die Aufgabe gestellt, eine bestimmte Menge Ansprüche abstrakt zu bezeichnen. Wir haben hierzu eine Menge Rechtsnormen, Definitionen und Aussagen bestimmt. Diese können die Ansprüche nur dann festlegen, wenn zwischen den Ansprüchen und den genannten Sätzen eine Zuordnung besteht. Diese Zuordnung leistet der Deduktionszusammenhang.

Jedes Durchbrechen dieser strengen Zuordnung mit seinem strengen Ableitungsverfahren — sei es durch juristische Auslegungsverfahren oder Argumentationsweisen — hebt die Systembildung auf, weil sie eine Entscheidung aus dem System, ob ein Anspruch zu dem System gehört oder nicht, unmöglich macht.

C. Die Verwendung von Normensystemen

I. Die Beschreibung des Gerichtsgebrauchs

1. Gerichtsentscheidungen

Unter Gerichtsgebrauch soll hier nur die Entscheidungstätigkeit der Gerichte verstanden werden.

Ziel der Beschreibung des Gerichtsgebrauchs ist die Beschreibung der Tätigkeit des Sanktionsapparats. Dieser besteht letzten Endes in der Tätigkeit des Gerichtsvollziehers und der Strafvollzugsbeamten. Da diese aber auf Entscheidungen der Gerichte und nur auf Entscheidungen der Gerichte hin tätig werden, bedeutet eine Kenntnis der Gerichtsentscheidungen mit großer Genauigkeit die Kenntnis der Tätigkeit der übrigen Organe des Sanktionsapparats [11].

Die Beschreibung der Tätigkeit des Sanktionsapparats durch die Beschreibung des Gerichtsgebrauchs ist auch deshalb zweckmäßig, weil das Tätigwerden von Gerichtsvollziehern zum großen Teil antizipiert wird. Ist eine Gerichtsentscheidung rechtskräftig, d. h. durch eine andere Gerichtsentscheidung nicht mehr abzuändern, dann stellen die Parteien in den meisten Fällen den Zustand her, der durch die Zwangsvollstreckung herbeigeführt würde.

2. Gerichtsgebrauch

Nicht jede Entscheidung eines Gerichts kann einzeln beschrieben werden. Und wäre es möglich, wäre die Brauchbarkeit einer solchen Aufzeichnung fraglich.

[11] Gewisse Abweichungen ergeben sich systemkonform bereits durch den Gnadenweg und Amnestien.

Eine praktikable Beschreibung setzt voraus, daß die Gerichtsentscheidungen einer gewissen Regelhaftigkeit folgen. Nur dann lassen sie sich in allgemeinen Sätzen darstellen.

Die Beschreibung des Gerichtsgebrauchs läßt sich etwa wie folgt ordnen:

Die erste Annäherung geben die Gesetze.

Die zweite Annäherung geben die Leitsätze der höchstrichterlichen Entscheidungen.

Die dritte Annäherung geben die Lehrmeinungen.

Die Gesetze als erste Annäherung zu betrachten, läßt sich aus der Arbeitsweise der Gerichte ableiten. Gerichte gehen vom Gesetz aus. Darüber hinaus wird die ganz überwiegende Anzahl der Rechtsfragen, die in praktischen Fällen zu lösen sind, von den Gerichten so entschieden, wie das Gesetz es vorsieht. Die Bedeutung der Gesetze als Annäherung für die Beschreibung des Gerichtsgebrauchs kommt oft nur deshalb nicht ganz zum Vorschein, weil Gesetze selbstverständlich angewandt werden, also gerade eine besonders starke Regelhaftigkeit begründen.

Die Leitsätze wurden als zweite Annäherung gewählt, weil sie von den Gerichten selbst geprägt oder aus Gerichtsentscheidungen exzerpiert wurden. Sie sind deshalb zur Beschreibung des Gerichtsgebrauchs an sich authentischer als die Gesetze. Diese Klassifizierung gibt jedoch nicht immer den Grad der Annäherung an, weil sich der Richter oft an die Gesetze stärker gebunden fühlt als an Leitsätze und deshalb diese wieder in Frage stellt oder durch „Fortbildung" ändert.

Der Wert der Leitsätze zur Beschreibung des Gerichtsgebrauchs ist im allgemeinen geringer, als deren Stellung im Begründungszusammenhang gerichtlicher Entscheidungen erwarten läßt. Viele Entscheidungen werden von den Leitsätzen nicht getragen, so daß künftige Entscheidungen aus den Leitsätzen nicht vorhergesagt werden können [12]. Aus manchen dieser Leit-

[12] Ein Beispiel sind die Leitsätze zum sogenannten Anwartschaftsrecht, insbesondere mit der Verwendung des Begriffs des Durchgangserwerbs. BGHZ 10, 69; 2988; 35, 85. (Die Analyse findet sich in Schreiber: Die bedingte Übereignung, in NJW 1966, S. 2333 ff.)

sätze läßt sich die gefällte Entscheidung formal ableiten. Doch können nach diesem Leitsatz andere Fälle nicht entschieden werden, weil die Gerichte in anderen Fällen den Leitsatz nicht anwenden, ihn abändern oder ihn anders interpretieren und dies zum Teil vorhersehbar ist. Solche Begründungen nennt man ad hoc-Begründungen. Da es Scheinbegründungen sind, sind es auch eigentlich Scheinleitsätze. Denn wer sich darauf verläßt, wird in die Irre geführt.

Die Lehrmeinungen haben für den Gerichtsgebrauch deshalb Annäherungswert, weil Gerichte zu ihren Entscheidungen Lehrmeinungen zu Rate ziehen. Auch Lehrmeinungen, die nicht zitiert werden, bestimmen die Gerichtsentscheidungen mit.

Streng wissenschaftliche Lehrmeinungen können nur durch Aufklärung der Problemlage die Gerichtsentscheidungen beeinflussen. Doch üben auch pseudowissenschaftliche Lehrmeinungen mitunter großen Einfluß aus, indem sie Ideologien entwickeln, die die Gerichte dann übernehmen.

3. Prognose

Eine der wichtigsten Fragen des Juristen-Alltags lautet: Wie werden die Gerichte einen bestimmten Rechtsstreit entscheiden?

Die Frage interessiert den Rechtsgenossen, der es auf einen Prozeß nicht ankommen lassen will, sondern das Ergebnis vorwegnehmen möchte, um Zeit, Geld und Ärger zu sparen.

Die Frage interessiert den Rechtsgenossen, der sein Verhalten schon danach ausrichten möchte, Konflikte zu vermeiden, indem er etwa Verträge dahingehend präzisiert.

Die Frage interessiert den Richter, der die Erfahrungen der vorhergehenden Entscheidungen verwenden möchte.

Die Frage interessiert den Richter, der eine Kontinuität der Rechtsprechung nicht ohne Grund verlassen möchte, um die Rechtssicherheit zu erhöhen.

Die Frage, wie die Gerichte einen bestimmten Rechtsstreit entscheiden werden, läßt sich beantworten aus der Kenntnis des Gerichtsgebrauchs. Zwar beschreibt er nur die Entscheidungen der Vergangenheit, doch lassen sich daraus Folgerungen für die Zukunft ziehen.

Der Gerichtsgebrauch kann drei mögliche Entwicklungen zeigen. Er kann konstant bleiben, er kann sich in bestimmter Richtung und in bestimmtem Ausmaß ändern, und er kann sich in unvorhersehbarer Weise ändern.

Wie sich der Gerichtsgebrauch verhält, kann nur aus der Kenntnis der Rechtswirklichkeit entnommen werden. Gewöhnlich wird ein Teil konstant bleiben, ein Teil sich in der Entwicklung befinden. Betrifft eine Rechtsfrage den konstanten Teil, so läßt sich eine Prognose relativ einfach geben. Betrifft sie den Teil, der sich in der Entwicklung befindet, so kommt es darauf an, ob die Entwicklung in Richtung und Ausmaß übersehbar ist. In diesem Fall ist durch Analyse der Entwicklung zu versuchen, eine Prognose zu gewinnen. Von der Überschaubarkeit der Entwicklung wird die Treffsicherheit der Prognose abhängen. Sind Tendenzen der Rechtsentwicklung nicht mit ausreichender Genauigkeit zu ermitteln, so ist eine Prognose nicht möglich. In diesem Bereich kann man von Gerichtsgebrauch eigentlich nicht mehr sprechen.

4. Rückkoppelung

Wenn Gerichte Entscheidungen fällen, studieren sie den Gerichtsgebrauch. Sie studieren nicht nur die früheren Entscheidungen, sondern versuchen auch die Entwicklungstendenzen zu ermitteln, sei es, daß sie selbst eine Analyse vornehmen, sei es, daß sie das Ergebnis von Analysen in Lehrbüchern, Aufsätzen und Kommentaren übernehmen.

Die Gerichtsentscheidungen werden somit von der Prognose der Gerichtsentscheidungen mitbestimmt. Da die Prognosen von den Gerichtsentscheidungen und die Gerichtsentscheidungen von den Prognosen abhängen, besteht hier eine Rückkoppelung von Prognose und Entscheidung.

Das Ausmaß der Rückkoppelung ist beträchtlich. Die Mehrzahl der Entscheidungen richtet sich nach der Prognose, die aus Lehrbüchern, Aufsätzen und Kommentaren hervorgeht.

Eine Folgerung aus der Rückkoppelung von Prognose und Gerichtsgebrauch ist die Selbstbestätigung der Prognose. Soweit sich der Gerichtsgebrauch nach der Prognose richtet, stimmt der Gerichtsgebrauch mit der Prognose überein. Die Prognose bestimmt den Gerichtsgebrauch und führt damit selbst ihre eigene Richtigkeit herbei.

Eine weitere Folgerung aus der Rückkoppelung ist die Möglichkeit, „herrschende" Meinungen zu etablieren. Hat sich im Wechselspiel von Prognose und Gerichtsentscheidung ein Gebrauch eingespielt, so ist eine Öffnung der Auseinandersetzung durch Analysen, die zu anderen Ergebnissen kommen, äußerst schwierig.

Durch Steuerung der Rückkoppelung läßt sich eine „herrschende Meinung" selbst gegen starke Einwände durchsetzen und halten. Gerichtsentscheidungen zitieren und diskutieren solche Lehrbücher, Aufsätze und Kommentare, die die Gerichtsentscheidungen wohlwollend besprechen; Lehrbücher, Aufsätze und Kommentare prognostizieren dafür die Tendenzen jener Gerichtsentscheidungen, in denen sie hinreichend gewürdigt werden. Da die Träger der „herrschenden Meinung" meist über die stärksten Einflußmöglichkeiten auf die Publikationen verfügen — auf wirtschaftlicher Seite gegenüber den Verlegern, auf redaktioneller Seite durch Förderung oder Anhalten der Karriere der Redakteure —, läßt sich durch Verhinderung unliebsamer Publikationen oft auch noch der Schein unangefochtener evidenter Wahrheiten errichten [13].

---

[13] Dieses Modell ist nicht nur eine theoretische Möglichkeit, sondern die adäquate Beschreibung eines großen Teiles der Wirklichkeit der heute noch geübten Jurisprudenz.

II. Die Setzung von Rechtsordnungen

1. Regelsysteme

Zur Setzung von Rechtsordnungen muß ein Normensystem formuliert werden, das bestimmten Tatbeständen bestimmte Rechtsfolgen zuordnet.

Durch diese Formulierung des Normensystems ist zunächst lediglich eine logische, eine sprachliche Zuordnung vorgenommen. Man hat ein Regelsystem aufgestellt. Zur Setzung einer Rechtsordnung bedarf es noch einer Bestimmung dessen, was diese Zuordnung abbilden soll oder, wie man sagt, was diese Zuordnung bedeutet.

2. Anweisungen

Systeme von Rechtsnormen können als Anweisungen gegeben werden.

Der Ausdruck Anweisung knüpft an das Phänomen an, daß es Menschen gibt, die von anderen ein Verhalten fordern, und daß es Menschen gibt, die sich in der geforderten Weise verhalten.

Die Anweisung kann von einem einzelnen Menschen, von einem Kollegium oder von einer Vereinigung von Menschen ausgehen.

Die Anweisung in Form von Systemen von Rechtsnormen muß stets an den Sanktionsapparat, mindestens auch an den Sanktionsapparat gerichtet sein.

Da Systeme von Rechtsordnungen die Rechtsgenossen zu einem bestimmten Verhalten bringen sollen, ist es zweckmäßig, diese Systeme auch als Anweisungen an die Rechtsgenossen zu richten und diese bekannt zu machen.

Wenn ein System von Rechtsnormen auch eine Anweisung an die Rechtsgenossen enthält, kann für diesen Zweck eine Unterscheidung in materielles Recht und Prozeßrecht dienlich sein. Im materiellen Recht werden die Tatbestände mit den Ansprüchen verknüpft; vornehmlich solche Rechtsnormen können als Anweisungen an die Rechtsgenossen ergehen, bei den angeordneten Sachverhalten die zugeordneten Ansprüche zu realisieren. Demgegenüber richten sich stets materielles Recht und Prozeßrecht zusammen an den Sanktionsapparat. Denn das Prozeßrecht regelt zwar die Art und Weise des Vorgehens des Sanktionsapparats, das materielle Recht jedoch den Inhalt der Sanktionen.

Ein Normensystem kann als Anweisung befolgt werden, obwohl niemand vorhanden ist, der das Normensystem als Anweisung gegeben hätte. Hier werden Normensysteme als Anweisungen interpretiert, obwohl solche Anweisungen fehlen.

3. Rechtsanwendung

Werden Normensysteme von Vereinigungen von Menschen als Regelsysteme beschlossen, so fällt es schwer, solchen Beschlüssen eine Willensrichtung zuzuordnen. Die Motivation der Mitwirkung der einzelnen Mitglieder der Vereinigung, auch die Mitwirkung selbst, ist so mannigfaltig, daß sie weder ermittelt noch praktikabel gekennzeichnet werden kann.

Hier ist eine Interpretation von Normensystemen als Anweisung von komplizierter Art. Die Tatsache der Verabschiedung eines Normensystems tritt in den Vordergrund. Die Wirkungen in der Rechtswirklichkeit, die von dem Normensystem ausgehen, können nicht mehr als Wechselwirkung von Befehl und Gehorsam dargestellt werden, sondern können nur in der Nachzeichnung eines komplizierten Systems der Rechtsanwendung beschrieben werden.

4. Metasysteme

Um zwischen dem Normensystem, das durchgesetzt werden soll, und der Rechtswirklichkeit eine Verknüpfung herzustellen, kann wiederum ein Normensystem gebildet werden. Es ist ein Normensystem über die Anwendung eines Normensystems, ein Metasystem.

Solche Systeme haben die Form: Wenn die Angehörigen des Sanktionsapparats die in dem Normensystem *N* bestimmten Sanktionen nicht verhängen, so sind gegen sie die Sanktionen *S* zu verhängen.

Ein solches Metasystem, das Sanktionen gegen einen Sanktionsapparat vorsieht, kann nur wieder von einem Sanktionsapparat realisiert werden. Hierfür kann ein eigener Sanktionsapparat vorgesehen sein, die Aufgabe kann aber auch dem ursprünglichen Sanktionsapparat übertragen werden.

Im letzteren Fall kann ein Sanktionsapparat, der Normen nicht anwendet, den Sanktionen gegen diese Nichtanwendung einfach dadurch entgehen, daß er auch die Norm gegen Nichtanwendung von Normen nicht anwendet. Eine solche Konsequenz ist besonders dann zu erwarten, wenn die an der Entscheidung über beide Anwendungsfälle mitwirkenden Personen identisch sind oder sich identifizieren.

III. Die Darstellung von Zweck-Mittel-Relationen

1. Verknüpfung

Eine vollständige Darstellung von Zweck-Mittel-Relationen erfordert die Verknüpfung dreier Bestandteile: des Zieles, der Situation und des Normensystems.

Die Verknüpfung dieser drei Teile geschieht in der Form der Implikation. Das ist ein Satz der Form

$$\ldots \rightarrow \ldots$$

Dabei ergeben sich drei Möglichkeiten der Verknüpfung:

1. Ziel und Situation → Normensystem
2. Ziel und Normensystem → Situation
3. Normensystem und Situation → Ziel.

Sätze der Art

Ziel und Situation → Normensystem

erlauben bei Vorliegen der Situation und Wahl des Zieles, das Normensystem zu bestimmen, das zur Realisierung des Zieles erforderlich ist. Solche Sätze sind erforderlich vor allem zum Entwurf von Gesetzen.

Sätze der Art

Ziel und Normensystem → Situation

erlauben bei Kenntnis des Zieles, das in einer Rechtsgemeinschaft verfolgt wurde, und des Normensystems, das zur Realisierung gesetzt wurde, Schlüsse auf die Situation, in der sich die Rechtsgemeinschaft befunden haben muß. Solche Sätze interessieren demnach im allgemeinen den Historiker.

Sätze der Art

Normensystem und Situation → Ziel

erlauben die Feststellung, welche Ziele ein Normensystem in einer bestimmten Situation realisiert. Solche Sätze sind erforderlich, um festzustellen, etwa ob bestehende Gesetze den Zielsetzungen einer Verfassung entsprechen, oder um zu klären, welche Ziele aus früheren Rechtssystemen übernommene Rechtsnormen verwirklichen.

Normensysteme als Mittel der Ordnung eines Gemeinwesens bedürfen gewisser Zeitspannen, bis sie wirksam werden können. Mit ihnen können somit nur solche Probleme gelöst werden, die eine gewisse zeitliche Konstanz aufweisen. Für die Formulierung von Normensystemen ist schon deshalb der zweckmäßige Ausgangspunkt jene Beschreibung der Situation, die die konstanten Bedingungen erfaßt. Da diese Bedingungen vorgegeben sind, kann das Schema vereinfacht werden zu den beiden Aussagearten:

Ziel → Normensystem
Normensystem → Ziele.

Bei solchen Untersuchungen ist jedoch stets zu berücksichtigen, daß sie nur für eine bestimmte Situation — meist ist die der eigenen Rechtsgemeinschaft zur Zeit der Untersuchung gemeint — gelten.

Die angegebenen Strukturen sollen nun im folgenden näher untersucht werden.

2. Zielsetzungen

Die Aufstellung von Zweck-Mittel-Relationen kann von bestimmten Zielen ausgehen und das zugehörige Normensystem suchen.

Die Zweck-Mittel-Relationen, die hierfür erforderlich sind, entsprechen dem Schema:

Wenn man das Ziel Z erreichen will, dann muß man das Normensystem N realisieren.

In Symbolen[14]: $Z \rightarrow N$.

Kann ein Ziel Z durch mehrere, sagen wir m, Normensysteme erreicht werden, so lautet die Zweck-Mittel-Relation[15]:

$$Z \rightarrow N_1 \vee \ldots \vee N_m .$$

Beispiel: Lautet das Ziel, die Beschädigung des Eigentums anderer zu verhindern, so lassen sich hierfür die zwei Rechtsnormen angeben: „Wer vorsätzlich oder fahrlässig ... das Eigentum ... eines anderen verletzt, ist dem anderen zum Ersatze des daraus entstehenden Schadens verpflichtet.“ (§ 823 I BGB.) „Wer vorsätzlich und rechtswidrig eine fremde Sache beschädigt oder zerstört, wird mit Geldstrafe oder mit Gefängnis bis zu zwei Jahren bestraft.“ (§ 303 I StGB.)

---

[14] Die hier gegebene Deutung muß streng von der Aussage unterschieden werden: Wenn das Ziel Z gesetzt ist, dann ist das Normensystem N gesetzt. In dem einen Fall handelt es sich um eine mögliche, im anderen Fall um eine stattgefundene Gestaltung der Wirklichkeit.

[15] „ $\vee$ “ ist das Symbol für „oder“.

Ein Ziel kann genauer angegeben werden durch die Bestimmung, daß es zu fördern sei, oder daß es bis zu einem bestimmten Erfolg zu verfolgen sei, oder daß es möglichst nahe erreicht werde.

Beispiel: Soll die Beschädigung fremden Eigentums möglichst weitgehend verhindert werden, haben wir nicht mehr die Wahl zwischen § 823 I BGB und § 303 I StGB, sondern wir müssen beide Rechtsnormen wählen. Denn die Wirkung beider zusammen ist größer als die jeder Rechtsnorm allein.

Eine Zielsetzung kann auch mehrere Ziele gleichzeitig enthalten. Dadurch engt sich der Spielraum der Möglichkeiten für geeignete Normensysteme ein. Je entwickelter ein Normensystem ist, desto schwieriger wird es, neue Ziele unter Aufrechterhaltung der bereits angestrebten zu verfolgen.

Beispiel: Soll die Beschädigung fremden Eigentums verhindert und außerdem der alte Zustand wiederhergestellt werden, so läßt sich dieses Ziel mit der Norm des § 823 I BGB erreichen. § 303 I StGB bietet hier keine Lösung. Diese Norm dient zwar der Verhinderung von Eigentumsbeschädigungen, sie steht jedoch dem Ziel eines Schadensausgleichs entgegen. Denn sowohl die Geldstrafe als auch die Freiheitsstrafe erschweren die Realisierung des Schadensersatzanspruchs.

Zielkonflikte in einer Zielsetzung führen zur Unlösbarkeit der Aufgabe, ein geeignetes Normensystem zu finden.

Zielkonflikte können durch Präzisierung der Zielsetzung gelöst werden. Eine Präzisierung läßt sich in einfacher Weise durch eine Präferenzskala der Ziele erreichen.

Beispiel: Soll die Eigentumsbeschädigung bestmöglich verhindert und ein Schadensausgleich bestmöglich realisiert werden, geraten wir in einen Zielkonflikt. Die bestmögliche[16] Verhinderung der Eigentumsbeschädigung gelingt durch die Normen § 823 I BGB und § 303 I StGB. Der bestmögliche[16] Schadensausgleich besteht in der Norm § 823 I BGB allein. Wird die

[16] Bestmöglich unter Beschränkung auf die bestehende gesetzliche Regelung.

Zielsetzung dahingehend präzisiert, daß die Verhinderung von Eigentumsbeschädigungen dem Schadensausgleich vorgeht, so lautet die Lösung: § 823 I BGB und § 303 I StGB. (So die gesetzliche Regelung.)

3. Zielimplikationen

Die Aufstellung von Zweck-Mittel-Relationen kann von einem Normensystem ausgehen und die zugehörigen Ziele suchen. Dies entspricht der Aufgabenstellung, ein Normensystem dahingehend zu untersuchen, welchen Zielen das System dient. Diese Aufgabe ist unabhängig von der Frage, welchen Zielen ein Normensystem nach der Absicht von irgendjemandem dienen soll oder sollte.

In dieser Aufgabenstellung haben die Zweck-Mittel-Relationen das Schema:

Wenn das Normensystem *N* realisiert wird, dann wird das Ziel Z verfolgt.

Oder, da es meist viele Ziele sein werden:

Wenn das Normensystem *N* realisiert wird, dann werden die Ziele Z_i verfolgt.

Eine einfache Folgerung daraus ist die Unmöglichkeit, einerseits ein Normensystem zu realisieren, andererseits Ziele zu verfolgen, die den Zielen des Normensystems widersprechen. Bei solchen Konflikten bedarf es stets einer Entscheidung des Zielkonfliktes, der nicht durch dogmatisches Wälzen von Problemen erreicht werden kann, sondern in einer entsprechenden Ausgestaltung des Normensystems gefunden werden muß.

D. Eigenschaften von Normensystemen

I. Widerspruchsfreiheit

1. Definition

Ein System von Sätzen ist dann und nur dann widerspruchsfrei, wenn es nicht einen Satz und zugleich seine Verneinung enthält.

Ein System von Sätzen ist dann und nur dann widerspruchsvoll, wenn es wenigstens einen Satz und zugleich dessen Verneinung enthält.

Auf Normensysteme angewandt:

Ein System von Rechtsnormen ist dann und nur dann widerspruchsvoll, wenn es wenigstens einen Anspruch gibt, der dem System sowohl angehört als auch nicht angehört. Oder in der üblichen Rechtssprache ausgedrückt: Ein System ist widerspruchsvoll, wenn sich aus dem System der Anspruch sowohl bejahen als auch verneinen läßt.

Ein System von Rechtsnormen ist demnach dann und nur dann widerspruchsfrei, wenn es keinen Anspruch gibt, der dem System sowohl angehört als auch nicht angehört.

Widersprüche kommen in Normensystemen des Rechts mit unterschiedlicher Häufigkeit vor. So sind Gesetze meist relativ widerspruchsfrei, weil der Gesetzestext auf Widerspruchsfreiheit in der Regel intensiv geprüft wird. Dagegen sind die Obersätze der Rechtsprechung, die allgemeinen Rechtssätze, aus denen die Gerichte ihre Entscheidungen ableiten und zu denen auch die Leitsätze gehören, relativ widerspruchsvoll, weil bei Gerichtsentscheidungen die Entscheidungsgründe nicht mit gleichem Aufwand auf Widerspruchsfreiheit nachgeprüft werden.

2. Folgen fehlender Widerspruchsfreiheit

Aus einem widerspruchsvollen System von Sätzen kann jeder beliebige Satz abgeleitet werden.

Da ein System von Rechtsnormen ein System von Sätzen ist, gilt demnach auch: Aus einem widerspruchsvollen System von Rechtsnormen kann jeder Anspruch abgeleitet und auch verneint werden.

Hieraus lassen sich folgende Schlüsse ziehen:

Ein Normensystem, das einen Widerspruch enthält, ist unbrauchbar.

Entscheidungsgründe, die einen Widerspruch enthalten, tragen die Entscheidung nicht.

Lehrmeinungen, die einen Widerspruch enthalten, sagen nichts aus.

3. Widerspruchsfreie Teilsysteme

Ein widerspruchsvolles System ist, solange der Widerspruch nicht eliminiert ist, völlig unbrauchbar. Oft lassen sich jedoch widerspruchsfreie Teilsysteme bilden, die eine Entscheidung der anstehenden Fragen ganz oder teilweise enthalten.

Enthält ein System mit den Sätzen

$$S_1, S_2 \ldots S_n, \llcorner S_n$$

den Widerspruch

$$S_n \text{ und } \neg S_n,$$

so lassen sich die beiden widerspruchsfreien Teilsysteme bilden:

$$S_1, S_2, \ldots, S_n$$
$$S_1, S_2, \ldots, \neg S_n.$$

Widerspruchsfreie Teilsysteme lassen sich nun wie folgt verwenden: Ergeben beide Teilsysteme das gleiche Ergebnis, so bildet man ein Untersystem aus den Sätzen $S_1, \ldots, S_{n-1}$ und wendet dieses an Stelle des Gesamtsystems an. Ergeben beide

Teilsysteme unterschiedliche Ergebnisse, so sind die Teilsysteme nicht ohne zusätzliche inhaltliche Problemlösung anwendbar.

Diese Verwendungsregeln entsprechen dem Grundsatz, daß eine weitergehende Regelung die engere Regelung umfaßt, so daß bei Scheitern der weitergehenden die engere Regelung ihre Gültigkeit behält. Diese Regel gehört jedoch nicht zu der logischen Basis der Rechtssprache, wie sie heute gebraucht wird, sondern ist ein Rechtsgrundsatz, dessen Anwendung einer besonderen Entscheidung bedarf [17].

Da die Rechtsanwendung nicht nur von dem Bestreben nach optimaler Sachentscheidung, sondern auch nach dem Gesichtspunkt ökonomischen Zeit- und Mittelaufwands bestimmt wird, werden diese Regeln — wenn auch nicht immer bewußt — in Lehre und Rechtsprechung angewandt.

II. Vollständigkeit

1. Bereich

Ob ein System von Rechtsnormen vollstänidg ist, kann nur entschieden werden, wenn der Fragenkreis bekannt ist, auf den eine Antwort erwartet wird.

Bei Systemen von Rechtsnormen stehen die Fragen im Vordergrund, ob bestimmte Ansprüche zu einem bestimmten System gehören, oder, wie der Jurist sagt, ob Ansprüche bestehen.

Ein Normensystem ist danach vollständig, wenn es zu allen möglichen Ansprüchen die Entscheidung enthält, ob dieser Anspruch besteht oder nicht.

[17] Die Ausgestaltung in §§ 139, 140 BGB zeigt, daß hier inhaltliche Probleme auftreten:

„Ist ein Teil eines Rechtsgeschäftes nichtig, so ist das ganze Rechtsgeschäft nichtig, wenn nicht anzunehmen ist, daß es auch ohne den nichtigen Teil vorgenommen sein würde.“ (§ 139 BGB)

„Entspricht ein nichtiges Rechtsgeschäft den Erfordernissen eines anderen Rechtsgeschäftes, so gilt das letztere, wenn anzunehmen ist, daß dessen Geltung bei Kenntnis der Wichtigkeit gewollt sein würde.“ (§ 140 BGB)

2. Formelle Vollständigkeit

Aus der Struktur von Normensystemen ergibt sich eine formelle Vollständigkeit. Ein Anspruch besteht, wenn er aus den zu dem System gehörigen Rechtsnormen ableitbar ist. Ist die Ableitbarkeit nicht möglich, so besteht der Anspruch nicht.

Beispiel: Der Verkäufer *V* liefert dem Käufer *K* krankes Vieh, das das übrige Vieh des *K* ansteckt. Kann *K* von *V* den Schaden an angestecktem Vieh nach BGB ersetzt verlangen?

Da das BGB keinen Anspruch auf Ersatz dieses Schadens vorsieht, heißt die Lösung: kein Anspruch.

Jedes System von Rechtsnormen ist in diesem Sinne lückenlos [18].

3. Generalklauseln

Ein Normensystem kann bewußt einen Bereich von einer Regelung ausnehmen. Man spricht hier von Generalklauseln.

Beispiele:

§ 242 BGB: „Der Schuldner ist verpflichtet, die Leistung so zu bewirken, wie Treu und Glauben mit Rücksicht auf die Verkehrssitte es erfordern."

§ 138 I BGB: „Ein Rechtsgeschäft, das gegen die guten Sitten verstößt, ist nichtig."

---

[18] Die Frage berührt das sogenannte Lückenproblem. Der Begriff der Lücke in der Rechtslehre hat das Problem der Rechtsfortbildung mehr verdunkelt als gefördert. Er dient meist zur Verschleierung der Abweichung von einem Normensystem, indem die Veränderung des Systems als Schließung einer vorhandenen Lücke verstanden wird.

Es sei darauf aufmerksam gemacht, daß eine Lücke nur von dem bemerkt wird, der sie auch schließen will. Das kommt daher, daß man eine Lücke erst feststellen kann, wenn man das sogenannte lückenhafte Normensystem mit einem Normensystem vergleicht, das sich von dem anderen dadurch unterscheidet, daß es die zur Schließung der Lücke vorgesehene Norm zusätzlich enthält. Das heißt, daß die Schließung einer sogenannten Lücke der Lücke gedanklich vorausgeht.

§ 826 BGB: „Wer in einer gegen die guten Sitten verstoßenden Weise einen anderen vorsätzlich Schaden zufügt, ist dem anderen zum Ersatz des Schadens verpflichtet."

Generalklauseln lassen dem, der das Normensystem anwendet, einen gewissen Spielraum. Von der Frage der Vollständigkeit her ist es dabei gleichgültig, ob die Ausübung des Ermessens frei oder an andere Normensysteme gebunden ist.

4. Unentscheidbarkeit

Wird von einem vollständigen System von Rechtsnormen verlangt, daß es eine Entscheidung enthält, ob ein Anspruch besteht oder nicht, so kann das System insoweit unvollständig sein, als die Ungenauigkeit der Formulierung weder einen Schluß auf das Bestehen noch auf das Nichtbestehen zuläßt.

Die Vollständigkeit eines Systems von Rechtsnormen ist demnach insoweit von der Genauigkeit abhängig. Da in der Rechtsanwendung und Rechtslehre mitunter eine klare Trennung von Ableitbarkeit und Nichtableitbarkeit nicht gewünscht wird, wird in diesen Fällen oft eine Terminologie gewählt, die diese Unterscheidung nicht zuläßt [19].

III. Genauigkeit

1. Beschreibung des Sachverhalts

Normensysteme ordnen Tatbeständen Rechtsfolgen — letzten Endes Ansprüche — zu. Solche Zuordnungen können nur so weit differenziert werden, so genau Tatbestände formuliert werden können. Da aber Sachverhalte unter die Tatbestände subsumiert werden müssen, entscheidet letztlich die Genauig-

---

[19] Näheres hierzu im Abschnitt E „Ideologien".

keit der Sachverhaltsbeschreibung über die Möglichkeit der Differenzierung eines Normensystems.

Die Genauigkeit der Sachverhaltsbeschreibung ist abhängig von der Sprache, derer man sich bedient.

Die erste Frage bei der Formulierung eines Normensystems ist, ob eine eigene Sprache gebildet oder auf bestehende Sprachen zurückgegriffen werden soll. Grundsätzlich könnte eine eigene Sprache besser an die besonderen Anforderungen eines Normensystems angepaßt werden. Praktisch zeigen sich jedoch zumeist Schwierigkeiten, die sich entscheidend auswirken.

Zu den Schwierigkeiten einer eigenen Sprache der Rechtslehre und Rechtspraxis gehören insbesondere eine erschwerte Kommunikation mit Laien und Experten, die ihre Fachsprache sprechen, zusätzlicher Aufwand zur Erlernung einer speziellen juristischen Ausdrucksweise und das notwendige Zurückbleiben hinter der Entwicklung der Hilfswissenschaften, die nicht von Juristen, sondern von den Fachwissenschaftlern vorgenommen wird.

Eine weitere Frage ist die Wahl einer naturwissenschaftlichen oder einer geisteswissenschaftlichen Ausdrucksweise. Wer die Wirklichkeit — und hierzu gehören die Sachverhalte — beschreiben will, muß sich für die naturwissenschaftliche Darstellungsweise entscheiden. Denn diese hat die eindeutig überlegene genauere Sprache, um die Wirklichkeit zu erfassen.

2. Darstellung der Rechtsfolgen

Was für die Beschreibung des Sachverhalts gilt, gilt grundsätzlich auch für die Darstellung der Rechtsfolgen. Soweit es um die Darstellung der Ansprüche geht, bedarf es einer möglichst genauen Beschreibung des Zustandes, der hergestellt werden soll.

Da ein geschichtetes Normensystem als Rechtsfolgen nicht nur Ansprüche enthält, sondern Ausdrücke mit syntaktischer Funktion, entsteht ein typisch juristischer Begriffsapparat. Dieser ist gemäß seiner Funktion für einen zweckmäßigen Aufbau des Normensystems auszubilden.

Aus dieser Funktion der juristischen Begriffe ergibt sich, daß juristische Analysen nicht vom Begriff auszugehen haben, sondern von den Rechtsnormen oder dem System von Rechtsnormen ausgehen müssen. Rechtsbegriffe an sich sind sinnlos, die Analyse ihres Wesens zwecklos. Erst ihre Verwendung in einem Normensystem läßt Fragen der Funktion und Definition entstehen und beantworten [20].

3. Rechtssicherheit

Die Folge erhöhter Genauigkeit eines Normensystems ist eine erhöhte Rechtssicherheit. Umgekehrt ist die Folge einer Ungenauigkeit eines Normensystems Rechtsunsicherheit.

Dies gilt für Kodifikate, gilt aber auch für faktisch geltende Normensysteme. Wird ein Normensystem bald so, bald so „interpretiert", wird ein Kodifikat ungenauer angewandt, als es formuliert ist. Umgekehrt: Werden durch das Kodifikat unentscheidbare Konflikte durch Formulierung neuer oder durch Präzisierung bestehender Rechtsnormen gelöst, so wird das Kodifikat genauer angewandt, als es formuliert ist.

Die Rechtssicherheit hat den Vorteil, daß man genauere Rechtsordnungen errichten kann, wozu auch gehört, daß die Ordnung genauer begrenzt werden kann. Die Rechtsunsicherheit hat den Vorteil, daß sich Fehler in Rechtsordnungen nicht in aller Schärfe auswirken müssen.

Diese Überlegung sei am Beispiel des Nationalsozialismus demonstriert. Es konnte eine Erleichterung vor Verfolgungen

---

[20] Eine Beurteilung der juristischen Literatur unter diesem Gesichtspunkt zeigt den Grund für den oft geringen oder fehlenden Wirkungsgrad rechtswissenschaftlicher Arbeiten.

sein, wenn der Sanktionsapparat nicht so genau funktionierte. Es ist sicher manches Urteil unter Ausnutzung einer gewissen Ungenauigkeit milder ausgefallen. Andererseits gab die Ungenauigkeit Parteigängern und Opportunisten die Möglichkeit, unmenschliche Maßnahmen, die in Gesetzen nicht enthalten waren, unter Ausnutzung der Ungenauigkeit durchzusetzen oder durch Duldung zu ermöglichen. Die Folgen der Ungenauigkeit dürften auch in einer solchen extremen Situation mehr negativ sein, da solche Machthaber nicht nur die Rechtsnormen, sondern auch die Inhaber der Ämter auswechseln.

Besonders verhängnisvoll ist Ungenauigkeit in Normensystemen, die einer Kontrolle unterstellt werden sollen. In dem Maße der Ungenauigkeit wird die Kontrolle der Rechtsanwendung erschwert, wenn nicht unmöglich gemacht.

Die Ungenauigkeit von Normensystemen kann systematisch zur Stützung von Herrschaftsstrukturen benutzt werden. Das Ergebnis ist eine Beeinträchtigung der Ordnungsfunktion dieser Rechtsordnungen. Eine Störung des Rechtsfriedens wird um so mehr die Folge sein, je mehr diese Zusammenhänge geahnt oder bewußt werden.

Die Rechtssicherheit soll eine Berechenbarkeit der Rechtsfolgen gewährleisten. Soll nicht jede Veränderung von Normensystemen, etwa durch sogenannte Rechtsfortbildung, unmöglich werden, müssen sich die allgemeinen Rechtssätze aber auch korrigieren lassen.

Die Härte, daß sich Rechtsgenossen auf eine neue Gerichtspraxis noch nicht einstellen konnten, kann durch Ankündigung von Änderungen in obiter dicta gemildert werden[21]. Jedoch verfehlt man beide Zwecke — Rechtssicherheit und Rechtsentwicklung —, wenn man in Entscheidungsgründen stets alle Möglichkeiten für die Zukunft offenhalten will.

---

[21] Obiter dicta sind Entscheidungsgründe, die genau genommen entscheidungsunerheblich sind, bei Gelegenheit verwandter Rechtsfragen zur Darlegung von Rechtsansichten des Gerichtes für die Zukunft dienen.

IV. Einfachheit

1. Umfang des Systems

Die Einfachheit eines Normensystems kann in anspruchsloser Weise an dem Umfang des Textes gemessen werden. Danach ist die Darstellung eines Normensystems um so einfacher, je weniger Worte sie enthält.

Da aber selten oder nie der gesamte Text einer Kodifikation zur Lösung des einzelnen Falles gebraucht wird, entspricht der Einfachheit in bezug auf die Anwendung nicht immer die wortkargste Fassung. So kann das übertriebene Bestreben, Wiederholungen zu vermeiden, ein Normensystem stark komplizieren.

2. Schwerpunktbildung

Da die Einfachheit nicht ohne nähere Bezeichnung des Gesichtspunktes, unter dem die Einfachheit zu betrachten ist, präzisiert werden kann, andererseits Zweck eines Normensystems letztlich die Regelung von Einzelfällen ist, muß die Einfachheit an den Anwendungsmöglichkeiten gemessen werden.

Berücksichtigt man, daß die Rechtsnormen eines Systems in sehr unterschiedlicher Häufigkeit relevant werden, so muß sich die Einfachheit in der Bildung von Schwerpunkten ausdrücken. Das heißt, daß die Konstruktion der häufigen Normen möglichst einfach gewählt wird und für die Konstruktion der Normen für weniger häufige Fälle eine komplizierte Konstruktion in Kauf genommen wird, auch wenn hierbei der Umfang des gesamten Systems größer wird.

V. Verständlichkeit

1. Normadressat

Mit dem Problem der Genauigkeit müßte auch die Frage der Verständlichkeit gelöst sein. Denn ein Text, der unverständlich ist, kann auf Genauigkeit nicht getestet werden.

Die Eigenschaft der Verständlichkeit berücksichtigt die Auffassungsgabe dessen, der das Normensystem verstehen soll. Wer das Normensystem verstehen soll, richtet sich nach dem Zweck, den man mit ihm erreichen will.

Verwendet man ein System von Rechtsnormen als Regelsystem zur Koordination des Verhaltens von Mitgliedern einer Gemeinschaft, so sollen möglichst viele die Rechtsnormen verstehen.

2. Sprachkenntnis

Wenn möglichst viele Mitglieder einer Gemeinschaft ein System von Rechtsnormen verstehen sollen, muß für dessen Formulierung eine Sprache gewählt werden, die möglichst viele verstehen.

Unter Mitgliedern einer Gemeinschaft, die zugleich Sprachgemeinschaft ist, gibt es aus der Gewohnheit alltäglicher Kommunikation eine gemeinsame sprachliche Basis, genannt Alltagssprache. Für die Formulierung von Normensystemen hat diese Alltagssprache die gewünschte Eigenschaft.

3. Zweistufigkeit

Die Alltagssprache hat den Nachteil großer Ungenauigkeit. Will man beide Eigenschaften — Genauigkeit und Verständlichkeit — realisieren, gibt es den Weg, das Ziel in zwei Schritten anzustreben. Zuerst formuliert man den Kern der Norm in möglichst verständlicher Form, dann fügt man in weiteren Absätzen oder zusätzlichen Normen die Präzisierung hinzu.

Dieses Verfahren entspricht dem Material, das der Jurist vorfindet. Er hat das Verhalten der Mitglieder in den Rechtsnormen zu formulieren. Das Verhalten findet aber bereits in der Alltagssprache sein Korrelat. Somit ist diese Zweistufigkeit der Formulierung von Rechtsnormen nicht nur sprachlich, sondern auch sachlich vorteilhaft.

4. Rezeption

Die Rechtssprache findet ihre Basis in der Alltagssprache. Aber umgekehrt rezipiert die Alltagssprache auch Teile der Rechtssprache. Durch die Berührung mit Rechtsproblemen, durch Kenntnisnahme der Berührung anderer mit Rechtsproblemen im Bekanntenkreis, in Publikationen und im Unterricht lernen die Mitglieder einer Rechtsgemeinschaft auch die Rechtssprache kennen. Soweit deren Ausdrücke verständlich sind, gehen sie in den passiven, teilweise möglicherweise auch in den aktiven Wortschatz der Rechtsgenossen ein.

E. Ideologien

I. Die Definition von Ideologien

1. Verschleierung von Wertungen

Ideologien sind Satzsysteme mit verschleierten Wertungen.

2. Fehlerverteilung

Eine Verschleierung von Wertungen — und damit eine Ideologie — liegt nicht vor, wenn die falsche Information, die sonst Bestandteil der Verschleierung ist, in einer Zufallsverteilung von der Wahrheit abweicht.

Um einen solchen Zusammenhang festzustellen, muß der zu untersuchende Text mehrere falsche Informationen enthalten oder man muß andere Texte, auf denen der zu untersuchende Text beruht, zur Beurteilung heranziehen.

Zufällig falsch ist eine Information, wenn die Fehlerhäufigkeit auf beiden Seiten einer Interessenlage gleich ist.

Beispiel: Anfechtung wichtiger Rechtsgeschäfte.

Gegenbeispiel: Beurteilung der Allgemeinen Geschäftsbedingungen.

3. Ideologiegehalt

Ein Text kann in unterschiedlichem Umfang eine Verschleierung von Wertungen enthalten. Der gesamte Text kann mit Verschleierungen durchsetzt sein, einzelne Abschnitte können relativ ideologiefrei, in anderen können mehr Ideologien enthalten sein. Auch sehr genau und ideologiekritisch abgefaßte Texte können bei genauerer Analyse Ideologiebestandteile enthalten.

Aus diesen Gründen ist es zweckmäßig, den Ideologiegehalt zu relativieren. Ein Text kann demnach mehr oder weniger Ideologien enthalten.

II. Arten der Ideologiebildung

1. Leugnung von Wertungen

Die Verschleierung der Wertungen kann darin liegen, daß überhaupt das Vorkommen von Wertungen in einem Satzsystem geleugnet wird, etwa indem von objektiven Werten gesprochen wird.

Beispiele: Hegels Rechtsphilosophie
Naturrecht
Natur der Sache
Vernünftigkeit

2. Verschleierung des Autors

Die Verschleierung der Wertungen kann darin liegen, daß der Autor der Wertungen verschleiert wird.

Beispiele: Rechtsidee
Rechtsquellenlehre

3. Scheinbegründungen

Ein Unterfall der Verschleierung von Wertungen durch Verschleierung des Autors der Wertungen ist die Verwendung von Scheinbegründungen. Die wichtigsten Fälle sollen hier dargestellt werden.

a) Wälzen von Argumenten.

Der Autor von Wertungen kann dadurch verschleiert werden, daß Probleme meist dogmatischer Natur hin- und hergewälzt werden, ohne sie zu lösen. Bei dem, der dieses Verfahren nicht durchschaut, entsteht der Eindruck, die so begründete Entscheidung sei die Folgerung aus den dabei erwähnten Normen oder der Rechtsauffassung der zitierten Autoren.

b) Vortäuschung von Ableitungszusammenhängen.

Der Autor von Wertungen kann noch direkter verschleiert werden, indem ein Ableitungszusammenhang vorgetäuscht wird.

Alle sogenannten juristischen Auslegungsmethoden — das sind diejenigen, die sich nicht aus dem logischen Aufbau des Normensystems begründen lassen — täuschen einen Ableitungszusammenhang nur vor.

c) Kombination widersprechender Argumente.

Ein Normensystem ist nur dann brauchbar, wenn es mögliche Wertungen ausschließt. Nur dann schließt es die Willkür des Anwendenden aus oder schränkt sie ein.

Da aus einem widerspruchsvollen Normensystem jede beliebige Entscheidung abgeleitet werden kann, bedeutet die Verwendung einer widerspruchsvollen Begründung, daß jeder Entscheidungsinhalt auf die Begründung gestützt werden kann. Es wird der Eindruck erweckt, als sei die Entscheidung auf die Autoren der widersprechenden Rechtsmeinungen gegründet.

d) Tautologien.

Über den Autor von Wertungen im Wege der Scheinbegründung wird auch getäuscht, wenn der Begründungszusammenhang nur auf Begriffszusammenhänge gestützt wird. Hierzu gehören alle Folgerungen aus dem Wesen von Rechtsinstituten, aus der Natur der Sache und ähnlichen Leerformeln.

4. Verschleierung von Zweck-Mittel-Relationen

Die Verschleierung von Wertungen kann in der Verschleierung von Zweck-Mittel-Relationen des Normensystems liegen.

Beispiel: Zur Begründung der Allgemeinen Geschäftsbedingungen wird immer wieder behauptet: Die Wirtschaft kommt ohne Allgemeine Geschäftsbedingungen nicht aus.

5. Verschleierung der Wahl von Zielsetzungen

Die Verschleierung von Wertungen kann in der Verschleierung der Wahl von Zielsetzungen liegen.

Beispiele: Gemeinwohl
Gesetzliche oder verfassungsmäßige Ordnung

III. Die Verwendung von Ideologien

1. Definition der Ordnungsfunktion

Ein System von Rechtsnormen erfüllt eine Ordnungsfunktion, soweit es einen Konflikt derart löst, daß die Lösung für alle Rechtsgenossen vorteilhaft ist.

2. Definition der Herrschaftsfunktion

Ein System von Rechtsnormen erfüllt eine Herrschaftsfunktion, soweit es einen Konflikt derart löst, daß einzelnen oder einer Gruppe gestattet wird, ihre Interessen auf Kosten anderer durchzusetzen.

3. Rechtfertigungsideologien

Die häufigsten und einträglichsten Ideologien sind die Rechtfertigungsideologien.

Verhalten vor anderen rechtfertigen heißt, diese zu einer bestimmten Reaktion zu veranlassen. Eine Rechtfertigung zielt darauf ab, andere zur Mitarbeit, zur Zustimmung oder zur Duldung zu bestimmen.

Beispiele: Die Rechtfertigung eines extensiven Sittlichkeitsstrafrechts wendet sich an die Strafverfolgungsbehörden um Mitarbeit, an die meinungsbildenden Schichten um Zustimmung, an die Bevölkerung um Duldung der Strafverfolgung. Die Rechtfertigung der Allgemeinen Geschäftsbedingungen wendet sich an die Gerichte um Mitarbeit, an die Autoren von Monographien und Artikeln, ganz allgemein an die communis opinio um Zustimmung, an die Opfer der Allgemeinen Geschäftsbedingungen um Duldung.

Die Rechtfertigung geschieht entweder, indem man sich auf ein umfassenderes System beruft (etwa ein Gesetz) oder indem man sich auf eine Vereinbarung zwischen den Parteien stützt (etwa auf Vertrag), oder indem man die Folgen des Verhaltens offenlegt. Diese Arten der Rechtfertigung sind in ihrer Methode und ihrem Ergebnis nachprüfbar.

Die Rechtfertigung kann auch durch Ideologien versucht werden, entweder indem ein Verhalten als naturgesetzlich determiniert hingestellt wird (durch Leugnung von Wertungen), oder indem die Verantwortlichkeit des Verhaltens verschleiert wird (durch Verschleierung des Autors der Wertungen), oder indem über die Folgen des Verhaltens irregeführt wird (Verschleierung der Zweck-Mittel-Relationen), oder indem die Absichten des Verhaltens falsch dargestellt werden (Verschleierung der Wahl von Zielsetzungen).

Die Rechtfertigung interessiert besonders für ein Verhalten, das den Handlungsspielraum anderer effektiv einschränkt. Hierzu gehört die Anwendung von Rechtsnormen, da diese letztlich irgendeine Sanktion oder die Androhung einer Sanktion zur Folge hat.

Systeme von Rechtsnormen lassen sich rational begründen, soweit sie Ordnungsfunktionen haben, sie lassen sich wirkungsvoll nur mit Ideologien begründen, soweit sie Herrschaftsfunktionen haben. Deshalb sind die Ideologien, die Herrschaftssysteme rechtfertigen, die zahlreichsten und am besten honorierten.

4. Revolutionsideologien

Ideologien können nicht nur bestehenden Herrschaftsstrukturen, sondern auch angestrebter Herrschaft als Anspruchsgrundlage dienen.

Meist treten Revolutionsideologien mit der Zielsetzung der Beseitigung eines Herrschaftssystems auf. Aber einmal etabliert, wandeln sich solche Ideologien meist zu Rechtfertigungsideologien der neu etablierten Herrschaft. Deshalb sind Revolutionsideologien zur Beseitigung von Herrschaft jeder Art nicht brauchbar [22].

IV. Folgen des Ideologiegebrauchs

1. Verdrängung von Problemen

Die zweckfreie Forschung ist bereits in der Wahl des Forschungsobjektes frei. Sie bietet den Vorteil, daß Aufgaben aufgegriffen werden können, die nicht von organisierten Interessen getragen werden.

Die zweckfreie Forschung wendet sich meist Problemen zu, die eine gewisse Aktualität haben und noch ungelöst sind. Ideologien haben auf diesen Prozeß die Wirkung, daß Probleme, die dem nicht indoktrinierten Beobachter sichtbar sind, von demjenigen, der in seinem Denkgebäude geeignete Ideologien assimiliert hat, nicht gesehen werden. Selbst dann, wenn ihm der Konflikt nicht verborgen bleiben kann, weil dieser an ihn herangetragen wird, sieht er ihn nicht als Problem.

[22] Möglich ist jedoch, daß der Machtwechsel außer der Änderung der Personen von Herrschenden und Beherrschten eine Schwächung der Herrschaft selbst herbeiführt. Aber das ist dann nicht die Folge der Revolutionsideologie, sondern der Offenlegung der Herrschaftsstrukturen.

Der Verdrängung unterliegen solche Probleme, deren Existenz einer Ideologie widerspricht oder deren Diskussion eine Ideologie unglaubwürdig erscheinen lassen kann. Eine Verdrängung findet nicht in jedem Falle statt, sondern hängt ab von der Intensität des Konfliktes und der Intensität der Verdrängungsarbeit.

2. Verdrängung von Problemlösungen

Sind Probleme so direkt gestellt, daß sie nicht verdrängt werden können, oder ist die Verdrängung aus anderen Gründen unterblieben oder mißlungen, so kann die Ideologie die Problemlösung beeinflussen. Das Ergebnis der Verdrängung ist, daß Problemlösungen, die der Ideologie entgegenstehen, nicht gefunden werden.

Dies gilt bereits für die Fragestellung, welche Lösung aus einem bestimmten Normensystem, etwa dem Bürgerlichen Gesetzbuch, abzuleiten ist. Zwar kann ein Computer eine solche Aufgabe ohne Phantasie lösen, indem er systematisch die Lösung angeht. Doch ist die Lösung ohne Computer an eine gewisse Denkökonomie gebunden, d. h., die Suche nach der Lösung wird bereits abgebrochen, wenn noch nicht alle theoretisch möglichen Fälle überprüft sind. Man vertraut auf die Geschicklichkeit des Bearbeiters. Bei diesem Verfahren können Ideologien die Phantasie beeinflussen, den Ableitungsprozeß in dem Augenblick abzubrechen, in dem ein der Ideologie günstiges Ergebnis vorliegt.

Eine Verdrängung von Problemlösungen ist erheblich einfacher, wenn nach Lösungen außerhalb eines bestimmten Normensystems gefragt ist. Da die Möglichkeiten hier nicht durch ein System beschränkt sind, auch nicht an einem System kontrolliert werden können, ist es hier besonders leicht, eine Auswahl derart zu treffen, daß lediglich die der Ideologie entsprechenden Lösungen als Möglichkeiten der Problemlösung erscheinen.

Eine Verdrängung von Problemlösungen wird durch eine mangelnde oder mangelhafte Unterscheidung von Auslegung und Rechtsfortbildung erleichtert.

Einer Präzisierung der Lehre von der Auslegung und der Rechtsfortbildung wird ein zäher, mitunter aggressiver Widerstand entgegengesetzt. Dies zeigt, daß die Mängel in der bestehenden Rechtslehre nicht zufällige Irrtümer sind, sondern Fehler mit nichtzufälliger Verteilung, daß sie also auf Ideologie beruhen.

3. Verzerrung der Abbildung der Wirklichkeit

Ideologien trüben den Realitätssinn.

Jede Wertung eröffnet die Fehlerquelle, daß das Bild der Wirklichkeit durch einseitige Auswahl der Daten oder durch Wahrnehmungsfehler verfälscht wird. Das Bewußtsein von Wertungen gibt die Möglichkeit, die Fehlerquelle zu kontrollieren und so weit wie möglich auszuschalten. Da die Wertungen in Ideologien verschleiert sind, ist die Kontrolle dieser Fehlerquellen nicht oder nur schwer möglich.

Außerdem sind in Ideologien oft verbindliche „Interpretationen" der Wirklichkeit enthalten. Kommen Erfahrungen der Wirklichkeit mit diesen „Interpretationen" in Widerspruch, ist eine Verzerrung der Abbildung der Wirklichkeit die Folge, wenn keine methodologische Kontrolle dies verhindert.

Da Ideologien meist auch Beschreibungen der Wirklichkeit enthalten, gehen falsche Informationen in die tatsächlichen Voraussetzungen ein, weil die Fragen nach der Wirklichkeit wegen der von der Ideologie angebotenen Information — wenn auch falsch — beantwortet sind.

4. Inkonsequenz logischer Operationen

Ideologien sind Verschleierungen von Wertungen. Verschleierungen gelingen aber nur, wenn das Medium nicht so durchsichtig ist, daß die zu verschleiernden Wertungen sichtbar werden.

Die Transparenz von Satzsystemen beruht nicht zuletzt auf der Folgerichtigkeit der logischen Operationen. Ideologien enthalten deshalb meist Abwertungen logischer Folgerichtigkeit [23] oder geben selbst ein Beispiel mangelnder Folgerichtigkeit.

Die Inkonsequenz ist besonders häufig bei der Ableitung von Entscheidungen aus Rechtsnormen. Um aus Ideologien entnommenen Wertungen den Schein der Legalität zu geben, gibt man der Entscheidung eine Scheinbegründung, d. h., man gibt durch ungenaue Ableitungssequenzen das Bild einer Ableitung.

5. Unsicherheit der pragmatischen Zielsetzung

Die Wahrheit oder Falschheit einer wissenschaftlichen Aussage ist von dem Zweck, für den die Aussage erarbeitet wurde, unabhängig. Unabhängig ist sie jedenfalls dann, wenn eine geeignete wissenschaftliche Methode zugrunde gelegt wurde. Insoweit kann die wissenschaftliche Arbeit wertfrei gehalten werden.

Aber in anderer Weise wird die wissenschaftliche Arbeit durch Wertentscheidungen des Wissenschaftlers bestimmt.

Da es kein wissenschaftliches Verfahren gibt, das Wertungen liefert, ohne daß diese Wertungen bereits in den Voraussetzungen enthalten sind, gibt es auch kein Verfahren, das dem Wissenschaftler sagt, welche Fragen er zum Gegenstand seiner wissenschaftlichen Untersuchungen machen soll.

Die Wahl des Gegenstandes wissenschaftlichen Arbeitens haben aber Auswirkungen auf ein Gemeinwesen. Dies gilt besonders für diejenigen Disziplinen, die Probleme des menschlichen Zusammenlebens zum Gegenstand haben. Eine Sonderstellung nimmt hierbei noch die Rechtswissenschaft ein, weil sie am stärksten auf Interessenkonflikte einwirkt.

---

[23] Etwa: „Das Recht ist alogisch." „Das pulsierende Leben läßt sich nicht in starre Formeln fassen."

Von der Einstellung des Juristen zu den Problemen des menschlichen Zusammenlebens hängt der nützliche oder schädliche Beitrag ab, den er zu der Lösung gibt. Die Geschichte der Jurisprudenz hat gezeigt, daß bereits das fehlende Bewußtsein dieser Problematik zu schweren Folgen für die Rechtsordnung führen kann.

Ideologien enthalten meist gerade Wertungen über die Rolle des einzelnen in der Gemeinschaft. Da die Wertungen verschleiert sind, sind damit auch die pragmatischen Zielsetzungen verschleiert. Da andererseits damit die Frage nach den Zielsetzungen nicht mehr offen ist, wird eine Diskussion dieser Frage erschwert.

Da Ideologien selten widerspruchsfrei sind, oft auch mehrere Ideologien sich überlagern, wird die pragmatische Zielsetzung erheblicher Unsicherheit ausgesetzt. Die Unsicherheit wird erhöht durch die Leerformeln, deren sich Ideologien mit Vorliebe bedienen.

6. Wertgläubigkeit

Werden dem Menschen auf die Dauer eigene Wertentscheidungen abgenommen, indem etwa die Übernahme einer Ideologie mit deren implizierten Wertungen die eigene Entscheidung ersetzt, wird damit eine Abhängigkeit von fremden Wertsetzungen begründet. Der dauernde Gebrauch von Ideologien macht von Ideologien abhängig.

Beispiel: Entwicklung der Rechtswissenschaft vor und nach 1945.

7. Aggressionen gegen Analyse

Vertreter von Ideologien neigen zu Aggressionen gegen solche, die Ideologien analysieren.

Für diese Aggressionen gibt es mehrere Gründe. Wer Ideologien vertritt, wird mit der Zeit eine gewisse Identifizierung mit den in den Ideologien enthaltenen Wertungen nicht vermeiden können. Eine Analyse der Ideologien stellt die darin enthaltenen Wertungen in Frage, was bei den Vertretern der Ideologie Unsicherheit zur Folge hat. Unsicherheit erzeugt Unlust, Unlust Aggression.

Wer Ideologien vertritt, verbindet damit Erwartungen auf eine gewisse Belohnung. Tatsächlich sind Ideologien um so erfolgreicher, je mehr sie ihren Vertretern bieten. Wer Ideologien analysiert, entzieht der Ideologie die Basis, aus der sie Belohnungen gewähren kann. Die drohende Enttäuschung wird mit Aggression beantwortet.

Wer Ideologien vertritt, übernimmt fremde Wertungen. Dies geht mit einem Verlust an Einsicht in die Konsequenzen und Zweckmäßigkeiten dieser Wertungen einher. Eine Analyse von Ideologien mit der Folge einer Auflösung von Ideologien zwingt demnach den, der an Ideologien gewöhnt ist, zu einer Änderung der Denkweise und Verhaltensweise. Eine solche Desillusionierung mit ihren Krisen löst ebenfalls Aggressionen gegen denjenigen aus, der den Prozeß in Gang bringt.

V. Die Auflösung von Ideologien

1. Zweck

Sind Ideologien durch eine Verschleierung von Wertungen gekennzeichnet, so ist die Auflösung von Ideologien die Beseitigung der Verschleierung. Zweck einer Auflösung von Ideologien ist, eine oder mehrere Folgen des Ideologiegebrauchs zu vermeiden.

Der Versuch, Ideologien aufzulösen, wird oft als Ideologiekritik bezeichnet. Entsprechend ist eine ideologiekritische Arbeitsweise durch das Bemühen gekennzeichnet, Sätze und Satzsysteme, die verwendet oder erstellt werden, auf Ideologien hin zu prüfen und darin enthaltene Ideologien zu eliminieren. Da Sätze und Satzsysteme in Rechtslehre und Rechtsprechung — ganz zu schweigen von der sogenannten juristischen Praxis als der Sprache des juristischen Alltags — von Ideologien stark durchsetzt sind, gehört eine ideologiekritische Arbeitsweise zur lebensnotwendigen Voraussetzung kontrollierbarer rechtswissenschaftlicher Lehre und Rechtsprechung.

2. Methode

Die Methode einer Auflösung von Ideologien besteht in einer Analyse des betreffenden Satzsystems, die die verschleierten Wertungen offenlegt.

Der erste Schritt einer Analyse ist die konsequente Trennung von Aussagen und Normen. Aussagen enthalten eine Beschreibung des Zustandes der Welt, wie sie ist, Normen enthalten die Beschreibung eines Zustandes der Welt, wie sie sein soll.

Der nächste Schritt ist eine genaue Darstellung der normativen Sätze. Hierzu gehört die genaue Beschreibung des Zustandes, der sein soll. Es gehört dazu ferner die Angabe des Autors, der den beschriebenen Zustand realisiert haben möchte. Sofern ein Sanktionsmechanismus zur Realisierung des betreffenden Zustandes besteht, gehört auch deren Beschreibung zur genauen Darstellung von normativen Sätzen. Wie das Verfahren der Auflösung einer Ideologie im einzelnen zu gestalten ist, hängt davon ab, mit welchen Mitteln die Ideologie geschaffen wurde.

Jeder Weg zur Auflösung einer Ideologie endet in einem Satzsystem, das genauer ist als das, das die Ideologie enthält. Zu wissen, an welcher Stelle das System erweitert werden muß, um die Ideologie aufzulösen, ist nicht nur eine Frage des Wissens um den Aufbau und die Verwendung von Normensystemen, sondern auch eine Frage des ideologiekritischen Instinktes.

GPSR Compliance

The European Union's (EU) General Product Safety Regulation (GPSR) is a set of rules that requires consumer products to be safe and our obligations to ensure this.

If you have any concerns about our products, you can contact us on ProductSafety@springernature.com

In case Publisher is established outside the EU, the EU authorized representative is:

Springer Nature Customer Service Center GmbH
Europaplatz 3
69115 Heidelberg, Germany

Batch number: 10844627

Printed by Printforce, the Netherlands